幽默就是说话让人舒服

王荣华 编著

开口就让人喜欢你

民主与建设出版社

·北京·

图书在版编目（CIP）数据

幽默就是说话让人舒服 / 王荣华编著 . — 北京：
民主与建设出版社 , 2018.9
ISBN 978-7-5139-2243-2

Ⅰ . ①幽… Ⅱ . ①王… Ⅲ . ①幽默（美学）—语言艺术
—通俗读物 Ⅳ . ① H019-49

中国版本图书馆 CIP 数据核字 (2018) 第 174600 号

幽默就是说话让人舒服
YOUMO JIUSHI SHUOHUA RANGREN SHUFU

出 版 人	李声笑
编　著	王荣华
责任编辑	王 倩
装帧设计	润和佳艺
出版发行	民主与建设出版社有限责任公司
电　话	（010）59417747　59419778
社　址	北京市海淀区西三环中路 10 号望海楼 E 座 7 层
邮　编	100142
印　刷	大厂回族自治县彩虹印刷有限公司
版　次	2019 年 3 月第 1 版
印　次	2019 年 3 月第 1 次印刷
开　本	710mm×1000mm　1/16
印　张	14
字　数	210 千字
书　号	ISBN 978-7-5139-2243-2
定　价	42.00 元

注：如有印、装质量问题，请与出版社联系。

美国心理学家赫布·特鲁说过："幽默可以润滑人际关系，消除紧张情绪，缓解精神压力，使生活变得更加富有情趣。它把我们从自己的小世界里拉出来，使我们一见如故，寻得益友。它帮我们摆脱窘境，增强信心，在人生的道路上迎难而上。"从中不难看出，幽默对于我们的整个人生都具有十分重要的意义。

幽默是一种生活的智慧，更是一种高超的能力，它就像一座帮助我们与外界沟通的美丽桥梁，通过它，我们能够更好地与人沟通，迅速拉近彼此之间的距离。

在实际生活中，相信大家都有相同的体验：那些谈吐幽默、能给大家带来快乐的人，往往会更受欢迎，更容易成为大家关注的焦点；而总是以一副冰冷面孔示人的人，即便心地善良，也会给人一种难以相处的感觉。幽默的运用范围相当广泛，无论在办公室里、谈判桌上，还是在人际交往、家庭生活中，幽默的人总能将一切事务处理妥当，并且赢得大家的一致认可。在发生矛盾、产生摩擦的时候，幽默更是缓和矛盾、避免摩擦升级的良方。

著名的剧作家萧伯纳曾说："幽默就是用轻松的语调，说出真切的道理，在表面上感到很可笑，如果继续往深层发掘，更会从心底里会心一笑。"可见，幽默并不是肤浅的搞笑而已，它体现了一个人的内涵和修养，是一种高雅的风度，具有沁人心脾的神奇魅力。

本书不仅告诉读者幽默会对人产生怎样的影响，还通过各种实用的幽默案例来分析如何将幽默融入生活中的各个方面，从而帮助读者变身为幽默达人。

阅读本书后，你会发现：切中要害地批评别人时，没必要严肃认真地说出来，用幽默的方式表达，所起的效果反而更好一些；在别人口无遮拦、蛮不讲理的时候，与其破口大骂、挥拳相向，不如幽默地予以回击，既显现自己的大度，又让对方无言以对；拒绝别人的时候，不一定非要采取直接而强硬的态度，用幽默言语表达观点，既能博人一笑，又能让人知难而退……

著名作家王蒙说过："幽默是一种成人的智慧，一种穿透力。一两句就把那畸形的、讳莫如深的东西端了出来。既包含着无可奈何，更包含着健康的希冀。"即使我们无法像幽默大师那样深刻领悟幽默的精髓，至少我们可以尝试着让自己变成具有幽默感的人。笔者愿与读者一道，共同欣赏和学习幽默，让幽默变成生活中不可分割的一部分，令我们身边的人切实地感到快乐！

目 录
CONTENTS

第一章

做幽默的人，说幽默的话

苍白的语言，即便说上千言万语，也抵不上一句幽默的妙言。幽默，可以为语言增添活力和姿彩，令听话的人甘之如饴、如沐春风。幽默的话语，能为沟通打开一扇奇妙的门，令交谈不再乏味，令沟通变得精彩而愉悦。一个幽默的人，能将欢声笑语带到任何一个地方。无论身处何方，幽默的人都是人们欢迎的对象。

幽默是一种能够令人发笑的艺术，懂得这种艺术的人，往往具有强大的人格魅力，他们不仅让人觉得风趣十足，还能展现自己独特的风度。

幽默的人，很风趣，也很有风度

林语堂说过："幽默是一种人生态度。"在生活中，无论你身处何处、位居何职，只要能以幽默的态度面对周遭的人和事，你的人生就注定充满欢声笑语。即使遭遇变故，只要乐观向上，也能够获得不一样的人生。

一个懂得幽默的人，通常具有常人难以抵挡的巨大魅力，他们不仅风趣，还显风度。在任何场合、任何时间，他们总能通过幽默的方式去面对困难、解决问题，在阵阵笑声之中，他们就已经赢得了人心，获得了拥戴。

美国前总统林肯是一个颇受人们爱戴的人，他为解放黑奴所做的努力，翻开了美国历史的新篇章，他也因这一壮举而受到后人的景仰和赞扬。

从林肯取得的成就便能看出，他的才能并非一般人所能企及。然而，所谓"金无足赤，人无完人"，林肯当然也有自己不完美的一面——他的相貌有些丑陋。

林肯走在大街上的时候，人们看到他都不愿多看几眼，可见他丑陋到了何种程度。但是林肯非但没有失去信心，反而勇于拿自己的相貌开涮，这为他赢得了很多选民的支持。

在竞选的过程中，很多竞争对手都拿林肯的相貌说事，以此讥讽林肯。在一次竞选中，竞争对手嘲讽林肯是个两面派，林肯并没有直接反击，而是拿自己的相貌幽默了一番。他面带微笑地说："假如我真的有另外一副容貌，我又怎么会以这副容貌出现在大家面前呢？"

林肯以幽默的方式进行了回击，不仅轻易化解了对方的恶毒攻击，而且展现了自己十足的信心。更重要的是，这种自嘲式的回击，展现了他的肚量，让人看到了他那与众不同的人格魅力。由此，选民们对林肯产生了亲切感和信任感，这为他赢得竞选立下了汗马功劳。

面对恶意的挑衅，林肯没有大发雷霆，而是用自己的风趣和风度，将对方的攻击化于无形之中。这种看似温柔的回击，其实比言辞犀利的反击更加有效。试想一下，如果林肯针锋相对地进行还击，对方也以更加恶毒的语言进行反击，那么两个人的形象就会严重受损，这对双方都没有任何好处。借助一个小小的幽默，林肯降低了对方的攻击欲望，更升华了自己的形象，真可谓一举多得。

一个真正幽默的人，一定是真挚而诚恳的。他没有华丽的伪装，也没有虚假的语言，展现在人们面前的，完全是一个"赤裸裸"的自己。

一个真正幽默的人，他的幽默是一种源自内心深处的爱。只有带着深切爱意的幽默，才能深抵灵魂深处，开出美丽的心灵之花。

一个真正幽默的人，通常具有丰富的知识，如此方可审时度势、信手拈来地运用幽默，灵活自如地应对各种可能出现的难题。

一个真正幽默的人，会用幽默的方式给人带去欢乐和笑声，会想方设法地说出让人听起来更加舒服和满意的话。

一个真正幽默的人，已经掌握了平衡庄严和风趣的方法，这使得他能够恰到好处地施展自己的幽默，既不会太过严肃，又不会幽默过头。

可以说，只有真正幽默的人，才能拥有幽默的力量，才知道如何借助这种力量去展现与众不同的个人魅力。

会心一笑

一次，林肯正步行往城里去。这时，一辆汽车从他身后开过来，于是林肯打手势让司机停车。司机停车之后，林肯对司机说："能否麻烦您将我的大衣捎到城里去？""当然没问题，"司机回答，"可是我怎么把大衣交还给您呢？"林肯笑着说："这个嘛，很简单，我打算把自己裹在大衣里。"司机听了非常开心，高高兴兴地邀请林肯上车。

在我们的生活中，时时刻刻都能看到幽默的影子，只是有些人无法抓住"笑点"，所以才无法用幽默打动人心，难以赢得别人的关注。

幽默无处不在，抓住"笑点"是关键

归根结底，幽默的实质就是一种乐观的精神。无论面对什么环境，也无论遭遇什么挫折，幽默都能帮助我们笑对人生。

没错，已经发生的事情完全无法改变，人生的悲惨遭遇也不会因为幽默的心态而离去。但是，通过幽默的手段，可以令人暂时摆脱困顿，并将注意力放到好的一方面。

在一起严重的交通事故现场，一位消防员救出了一位老人，结果发现老人正是自己那个右手有残疾的邻居。他急忙关切地问道："怎么样？感觉还好吗？"

老人微笑着答道："再好不过了，从今以后我再也不会感觉两只手不一样长了。"

消防员十分诧异："怎么？你的右手什么时候好了？"

老人继续笑着说："那倒不是，因为我的左手也被压坏了。"

面对已经发生的灾难，老人没有悲观和失望，因为他很明白，既然事情无法改变，那就只能改变自己的心态，与其悲伤难过，不如一笑而过，用幽默淡化自己的伤感，也能让消防员感到一丝安慰。

一位父亲带着自己的孩子到公园去玩，看到公园里的秋千，孩子非要去玩，尽管父亲已经告诫孩子要注意安全，但是孩子还是一不留神从秋千上摔了下来，疼得他号啕大哭起来。

父亲急忙走到孩子身边，扶起他之后进行了认真的检查，确认孩子并没有受伤之后，幽默地对孩子说："好了，现在我们可以向大家宣布，今天的表演到此结束，感谢大家的欣赏！"

周围的人听到父亲的话后，都哈哈大笑起来，孩子也破涕为笑，开心地和父亲一起走了。

孩子的哭泣并没让父亲乱了方寸，他的幽默让孩子和众人都感受到了快乐。有这样一个父亲，孩子是幸运的，从父亲的身上，孩子能够学会乐观面对生活中的一切，这是他人生中最宝贵的财富。

小丽的老板是个性情急躁的人，对小丽的要求总是十分严格。

一天，小丽拿着一份文件走进老板的办公室，可是没过几分钟，办公室就传出了老板的吼声："你写的这叫什么东西？我看跟中学生的水平差不多！"

片刻之后，小丽满脸通红地从老板的办公室里走了出来。阿强立刻迎了上去，对小丽说："小丽啊，别往心里去，老板是在夸你呢！你昨天不是说老板说你只有小学生的水平嘛，一天的工夫，你已经有了很大的进步啊！"

听了阿强的话，小丽的脸上泛起了笑容："也是啊，我进步还挺快的呢！"

阿强的一个小玩笑，让小丽的心情有了极大的好转，这种效果是其他语言无法达到的。

所谓"一念天堂，一念地狱"，一个人能够拥有怎样的人生，完全取决于他如何看待自己。倘若将事情看得过于严重，人生就会变得沉重难当；倘若能以轻松的心态面对一切，人生就会变得轻松而多彩。

无论在生活中将要经历什么，幽默都是一种最美妙的调和剂。只要能够准确抓住"笑点"，无论在任何时间、任何地点，面对任何事情，都可以用幽默的方式去表达自己的观点。

会心一笑

一场飓风袭来，凯特的房子被吹塌了一半。当邻居们为她的遭遇感到惋惜和伤感的时候，凯特并没有因自己的损失而心情低落。

在凯特辛辛苦苦地从地下室爬出来之后，邻居们都对她说："太可怕了，这真是一场巨大的灾难！"

凯特听后，反而以幽默的口吻说："反正我早晚都要搬家的，这下我倒是不用打包了！"

面对陌生人，尤其是女士时，如果直接与对方握手，难免显得过于冒昧，可能会让对方产生不快。如果能够恰当地幽默一下，反而会比握手更容易让人接受，也更能展现自己的亲和力。

某些时候，幽默比握手更显亲和力

很多人都没意识到，恰当的幽默，有时会比握手更加具有亲切感。尤其是在面对陌生人时，冒昧地要求握手或许会让对方感觉有些唐突，甚至是不知如何应对。但是运用幽默的手段，就能够突显自己的机智和趣味，让对方对你产生更多的好感，从而为双方创造一个不受拘束的交流环境。

托马斯·卡莱尔说过："你的幽默是你以欢愉表达自己的手段，表达的是你的诚挚、善良和爱心。"舒心地一笑，可以迅速拉近人与人之间的距离，让人在快乐中感受到浓浓的情意。无须身体接触，就能表达自己的想法，这种方式无疑比握手更加文明一些。

李强和张磊是住在同一栋楼的邻居，尽管住在楼上楼下，但是因为工作的原因，两个人见面的次数并不是很多。偶尔有个碰面的机会，也只是点头而过而已，并没有什么深入的交流。

然而，由于一件事，两个人的关系发生了戏剧性的转变。事情是这样的：

两人所在的小区停车位不足，使得小区内乱停的情况十分突出，业主们对此怨声载道。为了缓解这一状况，物业公司擅自将绿地改为停车位，这又引发了新一轮的矛盾。为了表示抗议，业委会组织业主签字，表达不满。一时间，与小区停车位有关的话题成为热点。邻居们见面，总会聊上几句与停车位有关的话。

一个周末，李强和张磊恰好在电梯里相遇。李强便程式化地以"停车位问题"与张磊寒暄了一下，张磊觉得这是一个拉近关系的绝佳机会，于是故作神秘地对李强说："你可能不信，我根本就没被停车位的问题困扰过。"

李强听了觉得不可思议，急忙询问个中缘由。

张磊笑呵呵地说："这个很简单，因为我根本就没有车。"

听到这句话，李强情不自禁地笑了起来。从这之后，两个人变成了十分要好的朋友，关系比之前好了很多。

如果没有了幽默，整个世界都会变得毫无生气。以幽默的方式与人打招呼，是一种十分直白的表达好感的手段，可以让对方明白，"我们之间有很多可以分享的趣事"。在这种情况下，对方自然会放松戒备，敞开心扉，这比握手更易让人接受，即使双方之前并不熟悉，在这种轻松的环境中，陌生感也会顷刻间烟消云散。

会心一笑

琼斯夫妇正忙着收拾东西，地上堆满了行李、包装袋、盒子等。这时，门铃忽然响了。琼斯太太打开门，看到门外站着一位中年妇女。没等琼斯太太说话，那人便说："您好，我是您隔壁的邻居。非常欢迎您搬到这里来。我相信我们会像一家人一样和睦相处的，因为我和邻居们相处得都很好。"听了她的话，琼斯夫人面带诧异地说："夫人，我们恐怕成不了一家人了。我在这里住了两年，现在正在搬走。"

在轻松的聊天氛围中，严肃的话题显然有些不合时宜，因为它会让人感觉沉重，心里难免有些别扭。可是，如果能在其中加进一些幽默，那么最终的结果就会迥然不同。

聊天时加点幽默，才不会显得别扭

美国心理学家赫布·特鲁说过："幽默可以润滑人际关系，消除紧张情绪，缓解精神压力，使生活变得更加有趣。它将我们从自己的小世界里拉出来，使我们一见如故，寻得益友。它帮我们摆脱窘境，增强信心，在人生的道路上迎难而上，勇攀高峰。"

很难想象，幽默的作用竟然如此之多，幽默的力量竟然如此之大。幽默是一种非常奇妙的力量，看不见、摸不着，但是只要在聊天的时候加上一点幽默，那么整个聊天过程就会变得令人愉悦和舒心。

一个优秀的沟通者，或许不是最能说会道的人，但是，他们大多十分善于运用幽默，通过各种幽默的方式，让听众更容易接受他们所要传达的信息或思想。

王蒙是一位大家耳熟能详的作家，此外他还是一位十分著名的幽默大师。

在他看来，"幽默感是智力上的优越感"，他平时说话自带喜感，作品中同样不乏幽默、诙谐的语言。

一次，王蒙应邀到上海的一所大学演讲。在演讲开始之前，听众的热情并不是很高，所以现场的氛围不是很热烈。于是，王蒙以幽默的方式开始了自己的演讲："我这几天身体不太好，感冒咳嗽，不大能说话，还请大家谅解。不过，我想这也不一定是坏事，这是在时刻提醒我多做事少说话……"

此言一出，立刻将听众的情绪调动了起来。听众们将所有的注意力都集中在王蒙的演讲之中，而王蒙的幽默语言也给听众们带来了无比欢愉的感受。直到演讲结束的时候，听众们依然沉浸在演讲之中，大有意犹未尽之感，很渴望王蒙能够多讲一些。

演讲的成功，就在于王蒙将幽默融入其中，他的幽默语言令听众感觉亲切而自然，也改变了听众头脑中演讲相对乏味和刻板的固有印象。

在王蒙的一些作品中，诙谐、幽默的语言可谓俯拾皆是。比如，他在《黄杨树根之死》中写道："大风起兮云飞扬，大火起兮书烧光，无牵无挂兮游四方，滚你文学的蛋兮……咚、咚、锵！"

幽默的语言能够增强文章的可读性，更能吸引读者关注的目光，这是一种拉近作者与读者之间关系的极好方法。

在日常生活中，幽默同样是不可或缺的黏合剂。无论是同学聚会，还是家庭聚餐，在众人突然陷入沉默或是因某些事情感觉别扭的时候，如果有人说个小笑话，那么交谈的氛围就会立刻变得融洽起来，彼此之间的交流也会变得顺畅起来。

在与人轻松地聊天时，幽默显然是必不可少的调味剂之一。在轻松的氛围中，如果讲一些过于严肃的话题，反而无法得到对方的认同，如果能在讲话中加入一些幽默元素，则能更好地贴合氛围，也就更容易得到对方的认可，对方会更愿意与你进行交流。

会心一笑

在与文学有关的讲座上，王蒙总是谈笑风生，说起话来生动有趣。

有一次，在谈到"在一个以经济利益至上的社会中，文学能够发挥何种作用"的问题时，王蒙这样说："同样是追求爱情，阿Q见到那个尼姑，只会说'我想跟你困觉'；而换作徐志摩，他就会说'我像一片云向你飘来'，这就是文学的语言。"这个比喻可谓恰到好处而又通俗易懂，引得现场的听众哈哈大笑起来。

在痛苦的心境中，人们想到的往往都是悲伤的事情，如果可以用幽默的方式进行劝慰，争取博得对方一笑，那么对方的心情自然有所好转，痛苦也就随之有所减轻。

幽默劝慰，在笑声中遗忘痛苦

或许有一天，我们会失去亲人；或许有一天，我们要面临失业；或许有一天，我们会被爱情抛弃……太多太多的或许，我们无法预料；太多太多的悲伤，我们需要面对。对于任何一个人来说，生活的痛苦都是不可避免的。

然而，面对悲伤和痛苦，很多人会显得手足无措，因为在这种时刻，人往往是十分敏感的，一旦言语不当，其引发的后果会比平时严重不知多少倍。因此，有些人为了避免犯错，宁愿什么都不说，以至于错失了极好的表达关心的机会。

不妨试着用幽默的语言去表达自己的关怀，让对方在笑声中遗忘痛苦与忧愁。这种幽默不但表现了我们的友善，而且会让对方心生感激，进而令双方的关系变得更加融洽和亲密。

克劳德的妻子莉莉因癌症不幸逝世，这使克劳德陷入了无尽的悲伤之中。尽管许多朋友和亲人都来表达安慰之情，但是克劳德的脸上依然愁云密布。

一天，克劳德的老友波利前来拜访。对于克劳德精神萎靡的样子，波利仿佛没有看到一样，劝慰之类的话也是只字未提。他只是很轻松地问克劳德："你想过没有，如果是你去世了，而莉莉还健在，那会是一种什么情景呢？"

克劳德瞪大眼睛，带着一副不敢想象的样子说："哦，那对她来说真是太可怕了！她一定会痛不欲生的！"

抓住这个机会，波利继续说："你看，莉莉现在并没有承受这样的痛苦，这完全是你身体健康的功劳。所以说，你必须继续承担这一义务，并为之付出一些代价，这样才能让你心爱的人继续免遭痛苦。这个代价，就是你要让自己的身体继续保持健康，我觉得，这个代价绝对是值得的！"

对于克劳德的悲伤，波利完全能够理解，他没有像之前的朋友那样苦口婆心地进行劝慰，而是用一段风趣的话宽慰了克劳德的心，令克劳德豁然开朗，重新获得了生活的动力。

人们常说"不如意事常八九，可与人言无二三"。人生在世，遭遇不幸实属正常情况，然而能够向人讲述的却少之又少。当不幸降临到我们身上的时候，我们一定希望有人前来劝慰。同样，万一不幸的事情降临到我们的朋友、同事、至亲身上的时候，我们也应该做些事情，让他们遗忘或是减少一些痛苦。

劝慰别人的时候，最主要的目的是让对方敞开心扉、打开心结，所以一本正经的方式有时反而无法产生最好的效果。倒不如采取诙谐的手段，让对方开心一笑，这样更能宽慰对方，让对方乐观地面对一切。

会心一笑

一天，一个浓妆艳抹的女士对着大堂经理大发雷霆："只是挂个失，还要我亲自来办。你知道我的时间有多宝贵吗？我让人带着我的身份证来办都不行，那你告诉我，有什么证明材料不用我自己来，就可以办得好？"

大堂经理被吼了半天，耐性早就被耗尽了，只听他冷冷地说了句"死亡证明"。

> 赞美的话如同蜂蜜一般，令听到的人心中充满了幸福和甜蜜。倘若可以将幽默和赞美完美地融合在一起，便能给人带去更加舒心的体验，给人生增添一丝别样的风味。

幽默的称赞，令人开心更舒心

喜欢听到称赞是人的天性，任何一个听到别人赞美的人，都会情不自禁地心花怒放。如果能在赞美中融入一些幽默的元素，那就会让人更开心，更舒心。

爱因斯坦是科学界当之无愧的巨擘，除了研究科学，他对喜剧泰斗卓别林的表演也十分感兴趣，对卓别林本人更是赞赏有加。

1926年，爱因斯坦到美国加利福尼亚州讲学，他很想与卓别林见上一面，于是让人向卓别林传达了自己的想法。卓别林欣然同意，并在家里设宴款待爱因斯坦。由此，两个人成了莫逆之交。

1931年，卓别林的电影《城市之光》在洛杉矶大剧院隆重首映。

正在洛杉矶参加学术会议的爱因斯坦应邀出席仪式，为好友卓别林捧场。当两个人一同出现在众人的视线中时，人群中爆发出阵阵的欢呼声。卓别林对爱因斯坦说："人们对我欢呼，是因为他们对我了如指掌；他们对你欢呼，是因为他们根本搞不懂你。"

"这是什么意思？"爱因斯坦一头雾水。

"什么意思都没有。"卓别林笑着说。

1936年，卓别林的另一力作《摩登时代》公开上映，赢得一片叫好声。爱因斯坦看完这部电影之后，给卓别林写了一封信。信中说："你出演的电影《摩登时代》，任何一个人都能看得懂，你一定可以成为一个伟人。"

卓别林收到信之后，连忙给爱因斯坦回信："我更加佩服你，虽然没人能看懂你的《相对论》，但是你已经是一个伟人了。"

从卓别林的信中，我们可以看出"他们对你欢呼，是因为他们根本搞不懂你"这句话的真正含义，其实就是赞美爱因斯坦写出了《相对论》，只是这种赞美有些含蓄和幽默，爱因斯坦没能及时理解过来而已。这两位在各自领域取得非凡成就的人，以幽默的方式向对方表达自己的欣赏和赞美之情，无疑让对方感觉更加亲切，更加受用。

这就是幽默赞美的魔力，它就像吹动铜铃的一阵微风，给人带来清新舒适的感觉。在交谈中加入适度的幽默赞美，可以迅速提高交谈的舒适度，使双方的关系快速升温，有助于顺利达成沟通目标。

会心一笑

一次，卓别林应邀参加会议。在会议进行的过程中，一只苍蝇总在卓别林的头上飞来飞去。卓别林用手拍了几次没有拍着，他找来苍蝇拍，拍了几次还是没拍着。这时，一只苍蝇落在了卓别林面前的桌子上，卓别林拿起苍蝇拍，准备给它来个致命一击。可是，他仔细看了看苍蝇之后，又将举起的手放了下来。有人问："你怎么不打死它呀？"

卓别林耸了耸肩膀说："这不是刚才骚扰我的那只苍蝇！"

我们熟知的幽默大咖们，都有自己的幽默方式。他们将幽默融入自己的个性之中，使幽默变成身体不可分割的一部分，这种源自骨子里的幽默，往往能够吸引更多的关注目光。

变成幽默大咖，将幽默融入个性中

在我们身边，幽默的人随处可见，但是能够称为幽默大咖的人，不过是凤毛麟角而已。一个善于运用幽默的大咖，往往能将幽默和自己的特点完美地融合在一起。

在生活中，人们常说："适合自己的，就是最好的。"这句话放在运用幽默方面，同样十分适用。就不同的幽默方式而言，并没有好坏之分，也没有孰优孰劣的差别。幽默大咖之所以能够称为大咖，就是因为他们能找到并能完美地运用属于自己的幽默方式。对于他们来说，幽默就像他们身体里流淌的血液一样，是生命不可或缺的组成部分。

美国前总统柯立芝做过律师，这让他形成了谨言慎行的处事风格。按照通常的经验，严肃的人往往不善幽默，但是在柯立芝身上，这种经验完全无法得到验证。相反，他的惜字如金恰恰成就了他那颇具讽刺意味的幽默风格。

柯立芝平时总是寡言少语，所以很多人以能够和他交谈为荣。

一次，柯立芝应邀参加一个宴会，他的身边坐着一位高贵的夫人。这位夫人绞尽脑汁地想和柯立芝多说几句话，但是始终没能如愿。后来，她想到了一个办法，说："柯立芝先生，我已经跟别人打赌了，我一定能让您说出三个字以上。"

这位夫人本想让柯立芝反驳自己，然而柯立芝只是淡淡地说道："你输了！"

还有一次，一位社交名媛和柯立芝坐在一起。在她滔滔不绝地发表见解时，柯立芝始终一言不发。这让她心有不甘，于是对柯立芝说："总统先生，您太过沉默了。我一定有办法让您说上几句话，至少也要说出两个字以上。"

柯立芝没有直接回答，只是小声嘟囔了两个字："徒劳！"

这就是柯立芝的幽默风格，简单、直率，既保持了自己的风度，也达到了一鸣惊人的效果。

我们熟知的美国小说家马克·吐温，也是一位卓越的幽默大师。

马克·吐温对自己的着装不是非常在意，即使到别人家做客的时候也不穿衣领、不打领带，他的妻子对此颇有微词。

一天，马克·吐温的妻子又因为他的着装而牢骚不断。马克·吐温忍无可忍，于是找出一个衣领和一根领带，认真地打包装好之后，派人将它们送到刚刚做客的朋友家去，一同送去的还有一张纸条。

纸条上写着："在刚刚拜访您的半个小时中，我没穿衣领，也没打领带。现在特意将这两样东西呈上，请您务必认真看上半个小时，然后再给我送回来。"

面对妻子的抱怨，马克·吐温以幽默的方式进行了回应。这不仅表达了自己的观点，而且让妻子在笑声中平复了情绪。

在现代社会，生活节奏日益加快，人与人之间的交流越发频繁，各种信息也不断地涌入人们的生活之中。如何才能快速地给对方留下深刻的印象？幽默元素、幽默手段绝对是一个十分有效的方法。

　　明末清初的文学家和戏剧家李渔说过："妙在水到渠成，天机自露，我本无心说笑话，谁知笑话逼人来。"从中可以看出，幽默的最高境界便是真实而自然，且挥洒自如，毫无做作之感。想要做到这一点，只有将幽默融入自己的个性之中，让幽默和个性合二为一，变成一个不可分割的整体。倘若一个人可以做到这一点，那么他的幽默就是世界上独一无二的幽默。无论他走到哪里，都能散发出独特的幽默光芒，所有身处光芒之中的人，都会被他深深折服，成为他的拥趸。

会心一笑

　　有一次，美国国会通过了一项荒谬至极的法案，马克·吐温为此感到无比气愤，于是花钱在报纸上刊登了一条告示："国会议员中有一半是浑蛋！"

　　报纸被印刷、销售之后，许多国会议员纷纷向马克·吐温表示抗议，并让他在第二天的报纸上道歉。于是，马克·吐温在第二天的报纸上刊登了这样一条告示："很抱歉！我错了！国会议员中有一半不是浑蛋！"

以幽默的方式表达自己的观点或态度，往往让人感觉更加愉悦和舒心，更有利于拉近彼此之间的距离，也能获得更多的朋友。可以这样说，懂幽默的人，通常具有较高的魅力指数。

懂幽默的人，魅力指数高

迈克·梅尔斯是美国好莱坞著名的笑星，他用以征服众人的武器，就是他高超的搞笑能力。他的幽默已经成了他的标签，展现出了与众不同的迷人魅力。

据说，在梅尔斯年纪尚小的时候，他的父亲就注意帮他选择朋友，那些不懂得幽默的孩子，往往不受他父亲的欢迎，他父亲给出的理由十分简单和直白："这个孩子太无趣了，不能让他到咱们家玩。"尽管梅尔斯父亲的话有些伤人，而且稍显偏激，但是从"望子成龙"的角度上来说，梅尔斯的父亲并没有做错，他只是希望梅尔斯变成一个充满幽默感的人而已。事实证明，这种选择性的交友方式，使得迈克·梅尔斯从小就在幽默的环境中长大，这对他的成长及事业都起到了良好的推动作用。

在我们的身边，同样不乏因幽默而魅力四射的人。相信很多人都有过这样的经历：逢年过节的时候，一家人欢聚一堂，在热烈的氛围中，一个孩子突然打碎了一个盘子，孩子自己被吓了一跳，热闹的交谈也被这不合时宜的声音打断，那个孩子面露尴尬，颇有些不知所措的意味。这个时候，孩子的叔叔说了一句："没关系啊，这是好事，岁岁（碎碎）平安啊！"

一句简短的话，十几个字而已，不仅缓解了孩子的尴尬，还让热闹的交谈得以继续。这样一位叔叔，孩子怎么会不喜欢？

中国著名的外交家和政治家周恩来总理，便因为自己的幽默言行而受到各国人民的喜爱和赞扬。

在一次记者招待会上，周恩来总理向记者介绍中国取得的成果。一位西方记者提出一个十分刁钻的问题："请问总理阁下，中国人民银行有多少资金？"周总理看了一眼那位记者，十分认真地答道："据我所知，一共有18元8角8分。"迎着所有记者的愕然目光，周总理解释道："迄今为止，中国人民银行共发行了10种主币和辅币，面值分别是10元、5元、2元、1元、5角、2角、1角、5分、2分、1分，合计为18元8角8分。中国人民银行有中国人民做后盾，信用卓著，实力雄厚，人民币是世界上最有信誉的一种货币。"话音刚落，现场便响起了雷鸣般的掌声。

这位西方记者提出的问题涉及国家机密，周总理显然无法正面做出回答，如果以"无可奉告"之类的话搪塞，就会显得过于呆板。周总理以"总面值"替代"总金额"，巧妙地回应了记者的问题。周总理幽默而犀利的语言，将他的随机应变能力展现得淋漓尽致，他的个人魅力也得到了完美的体现。

对于生活在现代社会的人来说，幽默是一种高级而普遍的要求。说它高级，是因为现代人习惯了紧张的生活节奏，很多人已经失去了幽默的能力，在钢筋和水泥构建的社会中，冷漠和呆板的表情已经成为很多人的"标配"。在这样的环境中，一个懂幽默的人，无疑显得更加高级，会给人一种鹤立鸡群的感觉。说它普遍，是因为幽默广受欢迎，所以人人都应该掌握幽默的技巧，凭此可以赢得更多的关注，提高自身的魅力指数。

会心一笑

　　有一次，周恩来总理接受一位美国记者的采访。记者看到总理桌子上放着一支美国产的派克钢笔，于是略带嘲讽地问道："总理阁下，您也喜欢用我国生产的钢笔？"周总理听后，风趣地说："这支钢笔啊，是一位朝鲜朋友送给我的，这是他的抗美战利品。我觉得很有纪念意义，于是留下了贵国的这支钢笔。"美国记者听完，顿时哑口无言。

在和身边的人聊天时，你会运用你的幽默感博大家一笑吗？在你关心的人心情不佳时，你会用幽默的魔力，让他们绽放笑容吗？通过下面这个测试，让我们一起看看你善于调动自己的哪种幽默细胞吧！

题目

请按照实际情况回答以下问题，选项分别有：完全不同意、比较不同意、稍微不同意、中立、稍微同意、比较同意、完全同意。

1. 假如有人犯错误，我常常会笑话他们。

2. 我不介意别人笑话我做事时付出的代价太大。

3. 我能很轻松地将别人逗得哈哈大笑，我天生就是一个幽默大师。

4. 即便是单独一个人，我也能笑对人生的挫折。

5. 我的幽默不会让人伤心或不快乐。

6. 我一般不用自己的趣事逗别人开心。

7. 我喜欢幽默，所以不会因挫折而烦恼或沮丧。

8. 假如我独自一人的时候感觉不开心，那我会回忆一些有趣的事情让自己振作起来。

9. 有时候，我会不受控制地不停地说笑话，即使人们并不喜欢听我的笑话。

10. 我很喜欢让别人开怀大笑的感觉。

11. 在我感觉烦躁的时候，无论如何也幽默不起来。

12. 与家人或朋友在一起时，我通常是众人开玩笑的对象。

13. 即使在遇到麻烦或是心情不好时，我也会强颜欢笑，所以身边的人都不知道我的真实感受。

14. 与其他人在一起时，我常常想不到什么有趣的事情来说。

15. 假如会对别人造成伤害，即使是非常有趣的事情，我也不会拿来开玩笑。

16. 让别人将我当作笑料，能够让他们情绪高涨。

计分方法

完全不同意，1分；比较不同意，2分；稍微不同意，3分；中立，4分；稍微同意，5分；比较同意，6分；完全同意，7分。

1. 批判型幽默：基础分为14分，加上问题1、9的分数，再减去问题5、15的分数。

2. 取悦别人型幽默：基础分为7分，加上问题3、10的分数，再减去问题6、14的分数。

3. 生活型幽默：基础分为3分，加上问题4、7、8的分数，再减去问题11的分数。

4. 自嘲型幽默：将问题2、12、13、16的分数相加。

测试结果解析

在某一幽默类型中，得分越高，说明运用的幽默程度越高、效果越好。

低于11分：说明你运用这类幽默的程度低。

11～17分：说明你运用这类幽默的程度中等。

高于17分：说明你运用这类幽默的程度高。

第二章

状况频发，用幽默帮人突围解困

无论是在生活中还是在工作中，并不是所有的事情都能一帆风顺。因为说话、做事等因素的影响，诸如冷场、摩擦、尴尬、难堪之类的情况总是时有发生。面对诸多突发状况，很多人会手足无措、难以应对，在这种时刻，聪明人会用幽默的话语帮人摆脱危机。幽默不但能够让人心生快意，而且能提升个人的魅力。

> 每个人都会遇到窘迫的局面，都希望在困窘的时候得到别人的帮助。用幽默为陷入窘境的人搭建一个台阶，对方不仅会变得轻松，还会从心底里感激你为他做的一切。

幽默解围，给人一个台阶下

有一句话说得好："智者善于替人解围，愚者遇事避而远之。"这句话的意思是说，充满智慧的人在别人陷入困境，需要帮助的时候，总能适时地伸出援助之手，帮人解围；那些头脑愚钝的人面对与自己无关的事情时，往往会避而远之，信奉"多一事不如少一事"的理念。两种处事方式对比一下，前者无疑更加受人欢迎。

如果你想受人欢迎，那就应该在现实生活中向那些智者学习，学习他们帮人解围的思维和方法。在别人面临窘迫局面的时候，如果你能用幽默的语言帮他搭起一个台阶，让他顺利摆脱窘境，那么对方一定会对你感恩戴德。

女性一般会对自己的年龄讳莫如深，明星人物更是如此。

一位女明星对自己的年龄十分在意，每当有人问及年龄的问题，她总是笑而不答。

在某次活动中，女明星接受了一位记者的采访。这位记者显然是有备而来，想在女明星的年龄上大做文章，他或是询问出生日期，或是询问大学毕业的年份，又或是询问入行时间，等等。总之，他的很多问题都与女明星的年龄有着千丝万缕的联系。虽然他将这些问题穿插在各种问题之中，但是稍加注意就能发现其真实目的。

女明星小心谨慎地回答问题，以免落入记者的陷阱。可是记者的问题很多，提问速度又快，这令女明星无力招架，渐渐陷入不知所措的窘境之中。

女明星急得满脸通红，越发力不从心。这一切恰好被她身边的一位男明星看到了，男明星笑着转过头，帮女明星解了围："你猜猜！你猜她到底多大岁数。如果你猜对她是18岁，我就告诉你答案！说实话，她身上充满了成熟女性的美，所以她的心理年龄应该在30岁左右。要我说啊，她有点早熟了。"

男明星的话说完之后，现场爆发出巨大的笑声，就连那位刁难女明星的记者也情不自禁地跟众人一起鼓起掌来。女明星瞬间从窘迫之中脱身出来，心中充满了对男明星的感激之情。

在女明星陷入窘境、期待得到帮助的时候，男明星用自己的幽默帮她解了围。这种雪中送炭似的帮助，无疑会让女明星备受感动。

在实际生活中，种种尴尬和窘迫的场面也十分常见，想要在不同的场合中迅速帮人脱困，幽默的手段可以发挥出人意料的效果。当我们能够成功地运用幽默帮人化解窘迫时，不仅会让对方感激我们，还有利于拓宽我们的交际圈。

会心一笑

周末，姜涛和杨晨一起看一档真人秀节目。一位明星谦虚地说："还真没法和年轻人比了，我毕竟快50岁了。"

姜涛诧异地说："不会吧，真是出乎意料，他都快50岁了啊……"

话音未落，杨晨接过话茬说："我以为他60多岁了呢。"

姜涛看了杨晨一眼，说："他看起来好像跟你差不多大，我还以为只有30来岁呢。"

人与人接触的时候，难免因为一些事情而发生摩擦，如果任由小的摩擦发展下去，最后就可能演变成大的冲突。在摩擦刚刚发生时，以幽默的方式进行劝解，一切问题都将烟消云散。

发生摩擦，幽默是最好的劝和利器

在我们的生活中，经常会看到人们发生摩擦的场景。有的时候，发生摩擦的原因不过是鸡毛蒜皮的小事，或是说错了话而已。但是正是这些不经意的小事，令双方产生不快。如果不能好好处理，就会给双方带来难以想象的损失。

无论是当事人还是旁观者，当然都不希望摩擦升级，演变成更大的冲突，但是苦于双方情绪敌对的现实，当事人往往难以理清思路，而旁观者则不知从何处下手，使得爆发冲突仿佛成了一种必然的结果。实际情况果真是这样吗？答案当然是否定的。在摩擦尚未转变为冲突之前，运用幽默的方式，往往能令双方"一笑泯恩仇"，从敌对的状态迅速恢复到摩擦发生之前的状态。

张磊、赵强、马东、冯鑫是住在一个院子里的老邻居，后来因为拆迁各自搬走，很久都没有联系了。一个偶然的机会，四个人到公安局办事，恰巧碰到了一起。

事情办完之后，四个人便找了个饭馆，吃吃饭，叙叙旧。

"怎么样？都结婚生子了吗？"张磊开口问道。

"结了，孩子也有了。"赵强和马东同时答道。

"真好！男孩女孩啊？"张磊问赵强。

"男孩。"赵强开心地说。

"恭喜！"张磊说。

"你呢？"张磊又问马东。

"女孩。"马东脸上洋溢着幸福的光芒。

"也行。"张磊随意地说。

"你这是什么意思？赵强家的是儿子就说'恭喜'，我家的是女儿就说'也行'，这反差也太明显了吧！"马东的脸上立刻布满了乌云。

张磊自知言语有误，但是一时之间又不知道如何弥补，而马东已经有了起身离开的意思。

恰在此时，落地窗外停下了一辆豪车，一位雍容华贵的夫人从车上下来，四个男保镖则站在车旁负责保护。

见此情景，冯鑫连忙指着窗外说道："你们看，那四个'恭喜'还得服从'也行'的命令呢！男孩女孩都一样，只要肯努力，都能出人头地，都是咱们的骄傲！"

冯鑫的一句话，巧妙地化解了马东的怒气，四个人吃饭、喝酒，畅所欲言，共同回忆在一起生活时的美好时光。

一般情况下，大的争斗都是从小的摩擦开始的。小到人与人之间的冲突，大到国家与国家之间的战争，莫不如此。在摩擦发生的时候，以积极、幽默的态度去面对和处理，往往可以避免事态进一步扩大。对于一些可以预见的、将会引发更大冲突的情况，我们更应该谨慎对待，以机智、灵活的方法进行化解，防患于未然，这才是最好的处理摩擦的方法。

会心一笑

　　一位孕妇正小心翼翼地在路上走着，忽然，有一个小女孩走到她的面前说："阿姨，您的肚子为什么会这么大？"

　　"因为阿姨的肚子里面有个孩子啊！"

　　"阿姨，您这样做是不是因为怕麻烦？"

　　"啊？这话是什么意思？"

　　"您觉得抱着孩子太麻烦，所以就把他放到肚子里了嘛！"

没有人想要身处尴尬之中，然而实际情况往往是天不遂人愿。在别人遭遇尴尬的时候，如果我们能用幽默的方式帮其化解，那么我们就会成为受人欢迎的人。

借力打力，幽默之中化解尴尬

2008年8月8日，第29届夏季奥林匹克运动会在北京隆重召开。在开幕式的文艺表演中，有一段数千人共同参与的太极拳表演，当表演者身着白衣，衣袂飘飘地摆动手臂和身体时，现场及电视机前的所有观众都为之震撼和感叹。

太极拳讲究灵活机巧、开合有序，在刚柔相济的同时，又注重以柔克刚。太极拳善于借力打力，这种看似温柔轻巧的打法，往往可以起到"四两拨千斤"的效果。其实，太极的精髓不仅可以应用在武术方面，而且在生活的很多方面都有着非常实际的作用。在某人遭遇尴尬的时候，我们可以像打太极拳一样借力打力，用看似温柔的幽默给那人找个台阶，这样瞬间便能化解尴尬，让双方都能心平气和地面对问题。这对双方的沟通具有十分积极的意义。

王新宇是一个非常喜欢运动的男生，尤其喜欢足球。每天放学之后，他都要在足球场上挥洒汗水。他的偶像是法国著名球星齐达内。

一天，体育课结束之后，王新宇好像还没有踢够足球，于是在教室里盘带起来，还不时上演齐达内著名的过人动作"马赛回旋"。一时之间，教室里尘土飞扬，一些同学的书本也被王新宇碰掉了。

看到这种情况，赵雅琳急忙上前阻止："王新宇，你别踢了。教室是学习的地方，你的行为已经影响别的同学了，你知不知道？如果你想炫耀自己的球技，请你到球场上去！"

实际上，王新宇已经认识到自己这样做是不对的，但是赵雅琳当着那么多同学的面批评他，这让他觉得："我堂堂一个男子汉，听你一个小姑娘的摆布，岂不是太没面子了？"于是，他并不理会赵雅琳，而是继续踢足球。

赵雅琳见自己的劝说没有丝毫效果，气简直不打一处来。她几步走到王新宇面前，挡住了王新宇的去路。一场大战眼看就要爆发，孔杰急忙拉住王新宇说："我说王新宇，你这球技进步挺快啊！你要这么练习下去，很快就能赶超齐达内了。人家齐达内不过是在足球场上'马赛回旋'，而你在教室这么狭小的空间里就能做到这一点。只不过，我觉得在教室里有些影响你的发挥了，你还是节省一点力气，等放学之后到球场上去展现你那炉火纯青的技术吧！"

听了孔杰的话，王新宇顿时大喜，乖乖地拿着足球回到了自己的座位上。

孔杰并没有像赵雅琳一样用强硬的语言去劝说，而是用温柔的幽默话语说服了王新宇。一场看似难以避免的争论，瞬间便被孔杰的幽默话语化解了。最终，不仅缓和了赵雅琳与王新宇之间的矛盾，而且令教室的秩序恢复如常。所有的尴尬，都在孔杰的幽默中烟消云散。这与其说是孔杰的胜利，倒不如说是幽默的胜利。

在现实生活中，我们温文尔雅地说话甚至是批评时，即使对方不想接受，也会因无处还嘴而被迫接受。在生活的方方面面，我们总能于不经意间发现太极的以柔克刚：山间的小溪静静地在石头上流淌，虽然冲击力不强，但是在温柔的冲刷中，一样可以将石头的棱角打磨平整。既然流水能将石头打磨成自己想要的样子，我们也能用幽默的方式去"磨平"对方，让对方听从我们的劝告。这种方式能够避免尴尬，而且效果极佳。

会心一笑

　　记者："教练先生，在比赛中，您的队员射门时不是打高射炮就是偏离球门，请问您如何提高他们射门的精准度？"

　　教练："对于那些打了高射炮的队员，我会在训练中罚他们不停地对着一个点练习射门。"

　　记者："训练效果怎么样？"

　　教练："精准度的提高远远超出我的预料，相信你也看到了，在比赛中他们总能准确无误地把球射到对方守门员身上。"

在社会生活中，难免遇到某些令人难堪或是下不了台的情况，如果能给他们圆个场，那么沟通就能继续进行下去。以幽默的语言为他们圆场，会让他们觉得更加舒心和自然。

幽默是机智打圆场的必备技巧之一

在人际交往中，常常会遇到十分尴尬的场景，对于那些深陷其中的人而言，最深刻的感受就是度日如年。这样的时刻，他们最希望的就是有人为他们解围，帮他们打个圆场，这样既能摆脱尴尬，又能保全面子。

在那样的情况下，一个审时度势、机智聪慧的人，往往会以幽默的方式来解决问题。运用幽默的手段，可以消除双方心中的芥蒂，使得交往活动可以正常、顺利地进行下去。可以这样说，在幽默面前，所有的难堪都不过是过眼云烟而已。

在一次大学同学毕业十周年的聚会上，老同学们见面之后感觉十分亲切，感叹时光飞逝的同时，也对大学生活中的点点滴滴回味悠长。

众人正十分开心地聊天时，王栋忽然对李霞说："你还记得当初追求我的样子吗？那时候你可是整天追着我跑啊！"

这本是王栋的一句玩笑话，他的本意是抛砖引玉，让大家聊一聊大学期间的感情，使聚会的氛围更加浓厚一些。出人意料的是，平素温柔大方的李霞竟然大发雷霆，气呼呼地说："你有病啊！也不看看你长什么样，我怎么可能追你这么龌龊的人！"

李霞的声音十分尖利，在场的人都转过头来看着她，热烈的氛围像是突然被冰冻住了一样，所有人都陷入了沉默之中。

众人之中，最为难堪的当属王栋，他觉得，和久别重逢的同学开这样一个玩笑并非十分过分，而且上学时两个人确实互有好感，没想到却惹出了这样的祸端。

李霞的心中也生出一丝歉意，在这么一个欢乐的场合中，自己工作不顺，心情不好，却把怒气撒在了王栋身上，还搅了大家的雅兴，真是不应该。

正当众人面面相觑、不知所措的时候，老班长杨丽娟笑呵呵地说话了："哎呀，大家瞧瞧，李霞还是跟原来一个样。都十年了，脾气一点都没变。她越是喜欢谁，就越要骂谁，骂得越凶，就说明她喜欢得越深。大家赶紧想一想，上学的时候谁被李霞骂得最多、最惨？"

杨丽娟的这番话，将同学们的思绪拉回到十多年前上学的那段美好日子。大家七嘴八舌地讨论起来，一场不见硝烟的战争就此平息了。

在这个案例中，不但尴尬的制造者王栋和李霞感觉如芒在背，而且在场的所有人都有种手足无措的感觉，如果任由这种情况发展下去，一场美好的同学聚会就将毁于一旦。关键时刻，班长杨丽娟的话挽救了大家，不仅解了王栋和李霞的围，还让大家重归热烈的氛围之中。

在实践中，每个人都会遇到需要为别人打圆场的情况，想要成功地做好这件事，使用幽默的手段是最好的选择之一。采用幽默的方式，可以制造轻松的气氛，令双方放下心中的怒气和怨气，心中的芥蒂没有了，尴尬自然也就不复存在了。

会心一笑

一次同学聚会，同学们都喝了不少酒，其中尤以赵伟喝得多。大家坐在一起休息、聊天的时候，赵伟忽然站起来，迅速往外跑去。

他径直跑到马路边，伸手拦下了一辆出租车，问："师傅，机场去吗？"

司机以为来了个大活儿，于是高兴地答道："去啊！"

赵伟又说："哦，那您路上可得慢着点，车多路也滑。"

　　在别人陷入窘迫时，以幽默的方式自嘲一下，可以瞬间将众人的注意力吸引到自己身上，这种自黑的说话方式，不仅可以消除尴尬的氛围，还会令众人从心眼里感觉轻松和快乐。

自黑一下，转移众人的关注焦点

　　与人交往，总希望一帆风顺是不现实的，窘迫的场景难免会出现，区别在于，不同的人会有各自不同的反应，有的人会不知所措，有的人会懊恼不已，有的人则会用风趣的语言化解窘境。而那些更有智慧，更懂得为人处世的人，则会用幽默语言，将别人关注的焦点转移到自己身上，以此达到帮助别人摆脱窘境的目的。

　　在别人陷入窘迫时，诙谐幽默的语言不仅能帮助对方摆脱困境，还能活跃现场氛围，为你赢得人心，获得人们的尊重。无论是谁，都会遭遇窘迫，即便是声望极高的人也不例外。而且，越是声望高的人，越是需要挽回颜面，因为如果处理得不好，他们经过辛勤努力而建立起来的社会声誉和人际关系就可能会毁于一旦，造成难以挽回的损失。从实际效果上来说，自黑的方式可以很好地吸引众人的注意力，获得极佳的效果。

霍夫曼将军是德国著名的将领，个人威望极高，使得许多士兵认为他是一个难以接近的人。有一次，他到慕尼黑视察部队，士兵们出于忌惮，都故意和他保持一定的距离。这让霍夫曼将军深感不适，仿佛自己是一个不受欢迎的人似的。

为了改变这种状况，拉近与士兵的感情，霍夫曼将军决定参加晚上的宴会。在宴会上，尽管霍夫曼将军一直保持微笑，以此表达自己的友善，但是众人依然对他敬而远之，即便和他交谈，也是小心翼翼，唯恐出现什么差池。

在宴会进行的过程中，一名服务员走到霍夫曼将军身旁为他倒酒，此时，霍夫曼将军正低着头和人说话，并没有留意身边的服务员。或许是因为太过紧张，服务员的手抖了一下，结果酒不偏不倚地倒到了霍夫曼将军的头上。服务员知道霍夫曼将军高贵的身份，知道自己闯下了大祸，被吓得脸色煞白，汗水也不断地从额头上冒出来。在场的人看到这一幕，也都被吓得呆若木鸡，不知如何解决这个令人尴尬的问题。

正当大家准备迎接霍夫曼将军狂风暴雨般的斥责时，霍夫曼将军却拿出一块手帕，镇定从容地擦干头上的酒，然后面带笑容地对服务员说："小伙子，最近20年的时间，我尝试了很多种刺激头发生长的方法，可是我的头上始终'寸草不生'。非常感谢你能想到用酒来刺激我的头发生长，可是我得跟你实话实说，其实这个方法我很早以前就尝试过了，但是一点作用都没有。"

霍夫曼将军说完，在场的人先是愣了一下，随之而来的就是一阵巨大的笑声。在大家的笑声中，服务员彻底摆脱了窘境，他的心态变得从容淡定，重新投入自己的工作之中。不仅如此，现场的人忽然觉得霍夫曼将军是一个十分亲切的人，再也没有紧张和生疏的感觉了。

在当时的情况下，霍夫曼将军如果大发雷霆，人们也会默默接受，但是发泄的方式非但不能消除众人尴尬的情绪，反而会对众人的心理产生更大的冲击，更会让人觉得霍夫曼将军难以相处。霍夫曼将军选择幽默地自黑，将大家关注的焦点转移到自己的头发上，以此帮助服务员摆脱了尴尬，也改变了自己在众人心中的印象。

在日常生活中，我们也会时不时地遇到类似的情况，在别人面临窘境时，我们也可以用自嘲的方式来转移众人的注意力，这样就能给窘境之中的人留出时间和空间，让他们平复自己的情绪，更加从容地面对窘迫的场景。

会心一笑

一天，富兰克林产生了一个想法：用电流将一只火鸡电死。这本是一件非常简单的事情，没想到却出现了纰漏：富兰克林在操作的过程中，电流竟然从他身上通过，将他击昏。过了一段时间，富兰克林终于醒了过来，他自言自语道："我的天啊，我本来是想电死一只火鸡的，没想到差点电死了一个傻瓜。"

> 在平息争吵的过程中，最重要的一点便是克服自己的主观性，只有不偏不倚，才能得到争吵双方的认可，再加上幽默的手段，一定可以无往而不利。

不偏不倚，用幽默搞定争吵

在生活中，出于各种各样的原因，人们发生争吵的现象已经司空见惯。对于争吵的双方而言，由于都在气头上，所以即使知道争吵的影响不好，不利于解决问题，也不会主动求和，这是人性使然。在这种时刻，如果你可以成功劝解双方，那么不仅能让争吵的双方摆脱困境，还会赢得他们的好感。当然，在劝解的过程中一定要保持中立，做到不偏不倚。假如你从一开始就带着支持某一方的态度，那么最终会出现"拉偏架"的结果，这对缓和矛盾没有丝毫的帮助。想成为一名合格的"和事佬"，不但要做到就事论事、不偏不倚，还要学会幽默的艺术，让争吵的双方在笑声中握手言和。

某小区门口停着一辆卖西瓜的农用车，在下班高峰期的时候围了很多人。

一个年轻的姑娘问卖瓜的商贩："老板，你这西瓜甜不甜啊？"

商贩打包票说："个个甜，不甜不要钱！"

听商贩这么一说，姑娘立刻挑了一个西瓜，称完付钱就走了。

可是没过多久，那姑娘又拿着西瓜回来了。她生气地冲商贩嚷道："你这西瓜根本就不甜，赶紧给我退钱！"

商贩赔着笑脸说："这西瓜都熟了，您看这瓤多红啊，怎么会不甜呢？"

"熟是熟了，可我吃着就是不甜！"姑娘不甘示弱地说。

"西瓜明明甜，您非说不甜，这钱我不能退。"商贩针锋相对地说。

就这样，两个人你一言我一语地吵开了，双方各执一词，都不愿意退让。

随着争吵的持续，围观的人越来越多，大家议论纷纷，有的人支持商贩，有的人支持姑娘。

听闻这件事情之后，居委会的王大妈急忙赶来，打算帮双方调解一下。到了现场之后，王大妈先做了自我介绍，然后切了一块姑娘买的西瓜尝了尝，西瓜确实是熟了，甜味也有，可是对于喜欢甜食的人来说，甜味确实有点不够。这可怎么办呢？

王大妈沉思了片刻，对商贩说："这样吧，你退给这位姑娘5元钱。"

"我的西瓜又不是不甜，干吗要退钱给她？"商贩有点不乐意。

"要退就全退，退5元钱干什么？"姑娘也有些不满。

"每个人的口味不一样，有的人喜欢吃很甜的，有的人喜欢吃稍微有点甜的，你都不知道人家的口味，就敢说不甜不要钱，这5元钱就当交学费了，以后可不敢这样吆喝了。"王大妈语重心长地对商贩说。

然后，王大妈转头对姑娘说："人家的西瓜确实熟了，也不是说没有甜味。让他退你5元钱，你可以去买一袋白糖，你想吃多甜，自己拌点白糖吃就行了嘛！"

听了王大妈的话，在场的人都露出了甜美的笑容。商贩退给姑娘5元钱之后，一场风波总算过去了。

从这个案例可以看出，争吵对于双方都没有任何好处。商贩和姑娘争吵，必然影响自己的生意；姑娘和商贩争吵，有损自己优雅的形象。而且，由于两个人争吵而引来围观的群众，对小区的交通已经产生了影响，两个人难免会成为大家"讨伐"的对象。也许双方对此都有一些认识，但是为了不输气势，只能硬扛到底，结果在窘迫的旋涡中越陷越深。王大妈的适时出现，为双方"停战"提供了契机，她的中立立场和幽默的语言，则为清除双方的怒火立下了汗马功劳。

当我们面对争吵的局面时，一定要像王大妈一样保持中立，只有不偏不倚，才能让双方感受到我们的公平和公正。在平等对待的心境中，才能置身争吵之外，以理性和幽默的语言对双方进行劝解，有了这样的基础，什么样的争吵都能轻易搞定。

会心一笑

一对夫妻发生了一点矛盾，进而演化为争吵。

丈夫说："真搞不懂当初怎么会娶你。你既不做饭，也不做家务，整天就知道买衣服装扮自己，你简直一无是处！"

妻子犀利回应："你也不拿镜子照照，瞅瞅你自己是什么德行，蠢得像头猪一样！"

丈夫不甘示弱："没错！你说得太对了！如果我不是这么蠢，怎么会和你结婚呢！"

没人希望遭遇难堪，也没人希望直面难堪。在别人遭遇难堪的时候，如果可以装作什么都不知道，巧妙地帮对方遮掩过去，对方就会感觉舒服很多。

对方难堪时，不妨糊涂一把

在很多影视作品及相声、小品中，装糊涂是一种常用的艺术手段，经过演员的演绎之后，观众们往往会被逗得前仰后合。由此，观众们对演员产生了良好的印象，对文艺作品的寓意也会有更加深刻的理解。

在我们的日常生活中，会看到很多与装糊涂有关的幽默情景，每次看到，总会让人忍俊不禁。可以说，装糊涂是一种高超的幽默技巧，能够给人带来很多欢声笑语。实际上，装糊涂不仅能让人感受快乐，还能在适当的时候帮人解围，摆脱难堪的境地。

一家著名的连锁酒店招聘值班经理，应聘者非常多，数百人为一个职位展开了激烈的竞争。经过严格的初试和复试之后，最终有三名优秀的应聘者进入了最后的面试阶段。

面试那天，三个人按照规定的时间来到了面试现场。面试官分别面试了三个人，结果三个人实力相当、不分伯仲，确实都是难得的人才。为了选出最合适的人选，面试官决定测试一下三个人的应变能力。

三个应聘者被同时请进面试的房间，面试官说："你们三个的表现都很不错，确实很难取舍。最后，我再问一个问题，请你们一一作答。问题是这样的：你在巡查的时候，发现有一间客房的门没关，于是推门进去查看，结果发现里面有一位女客人正在洗澡，你该怎么办？你会对女客人说些什么？"

第一个应聘者回答道："我什么都不说，赶紧直接退出去，然后帮客人把门关好。"

第二个应聘者的回答是："我会很礼貌地对客人说'对不起，女士'，然后再迅速走出去，帮客人把门关好。"

第三个应聘者的回答则是："我会很礼貌地对客人说'对不起，先生，我的眼神不太好'，然后不紧不慢地走出去，帮客人把门关好。"

最终，第三个应聘者获得了值班经理的职位。

在面试官所描述的场景中，前两个应聘者的表现显然不尽如人意。第一个应聘者什么都不说，悄悄地退出去，这会让女客人觉得他已经看到了不该看的东西，所以"做贼心虚"；第二个应聘者虽然表达了歉意，但是女客人心中难免会有不舒服的感觉，心中会留下阴影；第三个应聘者巧妙地糊涂了一把，将女客人称作"先生"，女客人会觉得他什么都没看清，因此心中会觉得自在很多。这三个应聘者实力相当，工作能力、经验水平等也不相上下，第三个应聘者之所以能够得到这个工作机会，恰恰是因为他用"难得糊涂"的方式，帮助女客人摆脱了难堪的境地。

在现实生活中，当别人遭遇难堪时，我们同样可以"装糊涂"。比如，你到同事家去拜访的时候，正遇上同事与自己的妻子发生争吵，夫妻二人非要让你评评理，你就可以说："你们两口子是不是排练节目，准备参加公司的年会啊？演得还挺像，肯定能拿奖！"听到你的话，相信同事将不会跟妻子继续争吵下去，毕竟"家丑不可外扬"嘛。

你给了同事一个台阶，说了让他感觉舒服的话，他一定会从心底里感激你，这就是幽默的力量。

会心一笑

比利初次从农村到城市，找了一家宾馆准备住下。入住之前，服务员按照他的要求带他去看房间。

"这房间太小了吧？什么东西都没有，让我怎么住？"比利有些气愤。

"您需要什么？"服务员问。

"至少得有张床吧，我要睡觉；还得有卫生间吧，我要洗澡；还要有电视啊，不然多无聊。"

"这些东西客房里都有，我们现在只是在电梯里而已。"

幽默测试

一个将幽默作为处世之道的人，通常具有神奇的力量。他不仅可以将不快乐变为快乐，还能让别人感受到愉悦。懂得幽默的人，往往会比一般人更容易捕捉到快乐。那么，你究竟有没有幽默感呢？不妨通过下面这个测试来验证一下。

题目

根据个人实际感受，对下列题目做出"有意思"或"没意思"的判断。

1. 问："什么东西是又黑又白又红的？"答："一匹害羞的斑马。"

2. 一位著名的哲学家在临终之前，自言自语地说："答案是什么？"他的学生听到之后，无奈地摊开双手，问："问题是什么？"

3. 病人："大夫，请您帮帮我，我担心失去记忆力。"医生："哦，你这种担心产生多久了？"病人："什么担心？"

4. "妈妈，爸爸烧着了！""真是太好了，往里浇油吧！宝贝。"

5. 两个政客正在互相指责对方撒谎。没错，他们两个说的都是真话。

6. 一位盲人带着导盲犬走进商店，他拉住狗的耳朵，拽着狗头来回地晃动。一个店员看到了，赶忙迎上来说："您好，先生，有什么可以帮您的吗？"盲人答道："哦，谢谢，不用了，我正四下张望呢。"

7. 甲乙两人相遇。甲问："我们在芝加哥见过面吗？"乙说："没有，我从来没有去过芝加哥。"甲又说："你也没去过啊，那肯定是另外两个人在芝加哥见过。"

8. 甲说："对不起，您占了我的座位。"乙说："你的座位？你要怎么证明？"甲说："我在座位上放了一杯冰激凌。"

9. 甲说："你干吗坐在汽油桶上？"乙说："为了确保我的努力不会白费——我戒烟了。"

10. 福特先生常常给自己的妻子留便条，可是他的妻子有时注意不到。一天，福特夫人看到桌子上放着10美元钞票，拿起钞票发现下面有一张便条，上面写着："亲爱的，出门的时候别忘了关窗户。另附：钞票是用来吸引你注意力的。"

11. 解剖课上，桌子上放着五颗心脏，其中一颗看起来比其他几颗要大很多。同学们窃窃私语："这个人一定是死于胸积水。""这个人一定是死于心肌梗死，左右心室都肥厚。"听了同学们的议论，老师最后说："为了让同学们看得更清楚，我今天特意准备了一个牛心！"

12. 在一个寒冷的冬夜，一个酒鬼站在马路边，他的朋友好奇地问他："你在等人吗？"他说："不是等人，我是在等我老婆摔在路上的酒变成冰，好把它捡回家。"

13. 病人："我到很多医院去看过病，几乎把我的家产都花完了。"医生："唉，我真是太不走运了！您以前怎么没到我这里看病呢？"

14. 昨夜饮酒过度，头晕不知归路。迷乱中错步，误入树林深处，呕吐，呕吐，惊起夜鸟无数。

15. 甲说："假如你得了狂犬病，首先要做什么事情？"乙说："我要纸和笔。"甲说："要写遗嘱吗？"乙说："不是。我是想列出我要咬的人的名单。"

16. 在法庭上，法官正审讯一名制造假钞的犯罪嫌疑人。法官问："你为什么要印制假钞？"犯罪嫌疑人回答："这还用问吗？因为我根本就不会印制真钞票。"

17. 汤姆想把他的驴训练得不吃东西也能活下去，所以每天都减少驴的食物。当驴被饿死时，汤姆十分惋惜地说："实在太可惜了！刚刚学会不吃东西就死了。"

18. 南非哈拉布《星期日邮报》上刊登着一则广告："莫可维西林园，每个星期三、六下午4：30喂鳗鱼，欢迎带孩子来。"

19. 某学生的一篇作文中写着："星期天，我一个人在街上，伸头缩脑、浩浩荡荡地走着。"老师的批语是："试试看。"

20. 病人："大夫，如果我多吃胡萝卜，我的视力真的能好一些吗？"医生："那当然了，你什么时候见过兔子戴眼镜？"

〔计分方法〕

回答"有意思"的题目每道计1分，回答"没意思"的题目每道计0分。然后将各题得分相加，统计总分。

〔测试结果解析〕

0～5分：说明你是一个相对缺乏幽默感的人，你表现得刻板而严肃，身边的人都不敢和你开玩笑。

6～13分：说明你有时会充满幽默感，有时也会让人心生畏惧。这是因为你不会利用幽默，面临尴尬的境地时，你也许会手足无措。善用你的幽默感，尴尬就会被笑声取代。

14～20分：说明你是一个十分幽默的人，身边的人都很喜欢你，所以你的朋友很多，人缘很好。你总能把大家逗得捧腹大笑，让人觉得与你相处非常轻松、愉悦。

第三章

在职场上混，人人都要懂点幽默

在社会竞争日益激烈的今天，想要在职场上占据一席之地已变得越来越难。职场人士所面临的巨大工作压力，甚至已经超出了很多人的承受范围。在职场上，幽默的人最受欢迎，一个具有幽默感的人，往往更容易赢得同事的信任和喜爱，更容易建立良好的人际关系，从而为自己在职场上的生存打下坚实的基础。

自我介绍是一门学问，更是一种高超的技术。运用幽默进行自我介绍，可以迅速拉近与同事之间的距离，让同事们从心底里接纳你。

幽默的自我介绍，瞬间拉近与同事之间的距离

无论是刚刚涉足职场的新人，还是在职场中打拼多年的老手，总会不断认识新同事。面对陌生的同事，有些人会显得手足无措，不知道如何向对方介绍自己。想要给对方留下一个好印象，又担心自己的表达方式会让对方接受不了。在犹犹豫豫的状态下，给对方留下的印象注定不会太好。

在做自我介绍的时候，可以表现我们的热情、大方、开朗、宽容等优秀品质，但是这些品质并非一时之间就能看得出来，陌生的同事也不会因为你的介绍就轻易相信你，甚至会觉得你这个人有一点自夸。相对而言，幽默的特质则能呈现不一样的效果。通过幽默，你可以生动地展现自己，给同事留下良好的印象，令同事对你产生更多的亲切感，无形之中便拉近了彼此的距离。

张远刚刚走出大学校园，经过层层选拔之后，终于得到了一家策划公司的一个职位。

到公司上班的第一天，经理将张远介绍给大家，并让张远做个自我介绍，

和同事们互相认识一下。

张远走到大家面前，毕恭毕敬地鞠了一个躬，然后说："各位前辈好，我是新来的员工，名叫张远，张是张望的张，远是遥远的远。初来乍到，我张眼一望，和诸位前辈的距离实在是太遥远了，即便快马加鞭也很难赶上。我觉得，虽然我从大学毕业了，但在诸位前辈面前，我还是个小学生，需要学习的东西还有很多很多，真心希望大家多多关照。我一定会努力工作，积极进取，争取早日赶上诸位前辈的步伐。"

张远说完，再次深鞠一躬。同事们热烈鼓掌，表示欢迎。

在日后的工作中，同事们对张远都十分热情，张远遇到问题的时候总能积极地帮他解答和处理。很快，张远就掌握了工作的技巧，在工作岗位上做出了很好的成绩。

张远以幽默的自我介绍，赢得了同事们的欢迎和喜爱，这令他在工作中得到了更多的帮助和支持，对他融入公司和同事圈子都是极为有利的。张远的幽默，打开了同事们的心门，帮助他在同事们心中树立了良好的形象，仅仅一个幽默的自我介绍，张远的工作之舟便顺利扬帆远航了。

在自我介绍的时候，适当地运用幽默手段，可以迅速拉近与同事的距离，通过笑容让同事们认识自己，让同事们感受到你的友善和亲切，这比冷冰冰的自我介绍更能让同事觉得舒服。

会心一笑

一天，班上新来了一个插班生。初次走进教室，她向大家做了自我介绍："我未必会是班上最聪明的，我未必会是班上最漂亮的，我未必会是班上最杰出的，我未必会是班上最幽默的。"

班上的同学听了之后，纷纷议论她是一个谦虚的女孩。

这时，这个插班生突然说："认识大家很高兴，我是新转来的学生，名叫魏碧慧，希望大家多多关照。"

一个幽默的人，往往具有十足的自信心，在处理人际关系方面也有自己独特的方法和能力。在日益激烈的社会竞争中，幽默会让你拥有更加平和的心态，更加轻松地把握住工作机会。

你的幽默，能为你赢得更多的工作机会

面试时的自我展现，对于求职成功具有十分重要的决定性意义。在面试时，一定要保持活跃的思维，尝试着用幽默的方式来吸引面试者的注意力，让其对你产生更大的兴趣。如果能够做到这一点，你就能为自己赢得更多的工作机会。

保罗刚刚从一所名牌大学的新闻系毕业，他从高中时就对报社充满了向往，于是打算去报社找一份自己喜欢且满意的工作。

他了解到当地有一家十分出名的报社，于是直接来到这家报社，找到人力资源经理问："您好！请问贵社需要一名编辑吗？"

"暂时没有需要。"

"那需要记者吗？"

"暂时也没有需要。"

"那么需要校对吗？"

"也不需要。实际上，我们目前并不需要招收新员工。"

"这样的话，我想您一定需要这个。"说着保罗从书包里拿出一块精致的木牌，木牌上写着"额满，暂不雇用。"

人力资源经理看到牌子上的字之后，会心地笑了笑，并让保罗到隔壁房间休息一下。然后，人力资源经理立刻给董事长打电话，将整件事情的来龙去脉说了一遍。

没过多久，董事长亲自来到保罗所在的房间，对他说："如果你愿意，可以到我们的广告部上班，那里倒是需要一个人。"

保罗的幽默表现，赢得了人力资源经理的好感，给人力资源经理留下了深刻的印象。正因如此，他才获得了一个看似并不存在的工作机会。

面试场合通常是非常严肃而认真的，但是并不意味着一定要严谨、刻板才能赢得面试官的好感。要知道，面试官需要不断地从应聘者中挑选出有助于公司发展的人，这对他们来说同样是一种巨大的压力。如果能够说一些幽默的话语，无疑会让面试官感觉轻松许多，你的话他们会更加愿意听，对你的印象也就更加深刻，这对于赢得工作机会是非常有益的。

在面试的时候，要始终保持良好的心态，以平和的心态去应对所有的问题，并适时地融入一些幽默的元素。这样面试官会更容易记住你，你也更容易从众多的应聘者中脱颖而出。

会心一笑

小张昨天整个晚上都在加班，到了今天深夜两点多的时候，老板来视察工作，他走到小张面前，十分严肃地说："加油干啊，再晚恐怕就没法按时交工了。"视察完毕，老板便回去休息了。

听了老板的话之后，小张欢欣鼓舞，于是一鼓作气地奋战到天亮。

老板也没怎么休息，很早就来到了工厂，看见小张之后，他非常惊讶地问："怎么没去休息？休息不好怎么能把工作做好呢？"

出于信息爆炸、人才激增等方面的原因，职场人士正感受到越来越多的压力。种种压力汇聚到一起，对人产生的影响是难以估量的，想要排解因压力而产生的烦恼，幽默是极好的法宝。

工作压力让人恼，幽默法宝来解扰

随着社会的发展和进步，各种各样的竞争令人们感受到了越来越大的压力。对于辛辛苦苦的上班族来说，工作压力是诸多压力中让人感受最深刻的一种。

在职场中行走，有工作压力是正常的，关于工作压力的话题也是最为普遍的。如果能够合理而正确地处理自己的压力，那么这些压力就能变成更大的工作动力；如果无法排解压力，任由压力影响自己，那么压力就会变成工作的阻力，更有甚者，有些人会被压力压垮，最终面临被职场淘汰的命运。

在这种现实情况下，"减压"已经成为一个十分流行的词，如何减压也成为众多职场人士共同关注的焦点。为了提高自己的工作效率，并以更加轻松的心态面对工作，幽默的方式可谓极佳的选择之一。

玛丽在一家大型公司担任总经理助理一职。她不仅要时刻准备听从总经理的调遣，还要为同事查找各种资料，更让人头疼的是，她需要接听客户的电话和接待各种各样的访客。总经理的工作繁重，时间有限，所以玛丽要为总经理把好关，做好客户的筛选工作，保证总经理的工作不受计划外的访客的影响。面对烦琐的工作，玛丽的压力之大常人难以想象，可是，她并没有被压力吓倒，而是以积极和幽默的态度来应对，这让她在工作中找到了快乐，也得到了别人的理解。

一天，玛丽接到了一个电话，电话中的人似乎非常急迫："我有急事，要和你们总经理沟通一下。"

"能不能告知一下您的尊姓大名，我好向总经理报告。"玛丽客气地说。

"赶紧给我接通你们总经理的电话，"那人态度十分强硬，"我要马上和他通话。"

"我能理解您的心情，可是很抱歉。"玛丽温婉地说，"我觉得总经理雇我来接电话并未经过深思熟虑，因为大部分电话都是找他的，而我仅仅知道是谁打来了电话而已。"

听了玛丽的话，那人轻轻地笑出了声，然后十分主动地将自己的名字告诉了玛丽。

面对案例中的情况，玛丽可谓左右为难。一方面，来电话的人十分焦急，似乎真有非常紧急的事情，如果不能及时处理，或许公司会遭受极大的损失；另一方面，了解来电者的姓名是玛丽的工作内容之一，如果连这一点都做不到，就必然会招来总经理的责怪。此时的玛丽，所要承受的心理压力陡增，可是她并没有惊慌失措，而是以幽默的方式，很好地化解了这个困局。

在日常工作中，各种各样的突发状况和人际交往问题，总会时不时地出现在我们面前，工作中需要承受的压力也会随之增加。当压力出现的时候，我们需要为它寻找一个释放的通道，这样才能放松自己。如果压力得不到释放，越积越多，最终会将整个人压垮。到那时，不要说继续参加工作，就连正常的生活都无法得到保障了。

会心一笑

　　一天，梅克斯有事要和楼上的朋友说，于是给朋友打电话。可是，电话那端"嘟嘟"了很久都没人接。梅克斯连着打了几个，都是一样的情况，他有些生气地走到阳台上，对着楼上喊道："喂，我说，楼上有没有人啊？"

　　朋友听到他的喊声，从阳台上探出头问："有人啊，你有什么事？"

　　梅克斯十分生气地嚷道："在家你不接电话，我给你打电话呢，赶紧接去！"

在工作中，时常出现批评与被批评的情况，那些让人听着舒服的话，往往容易被批评者接受，起到更加显著的批评效果。以幽默的方式展开批评，是很好的选择之一。

有"笑果"的批评，效果会更显著

在工作中，我们难免会出现一些纰漏，这种时候，总要有人接受批评。关于批评的手段，可谓"仁者见仁，智者见智"。在诸多的方法之中，有"笑果"的批评应该成为大家的首选。

要想让批评更加深入人心，就要以幽默来包装批评。实际上，有"笑果"的批评，体现的是一种爱的艺术，它是一种温柔的激励。在欢笑声中进行批评，对方无疑更加愿意接受，批评的效果也会更好一些。想要做好这一点，我们在平时就应该多积累、多思考，在说话方式上多下一些功夫，说出一些同事更愿意听的话。

星期一这天，小张从上班开始便不停地忙碌，精神十分紧张，身体也非常劳累。

正当他好不容易找个机会，想要稍微休息一下的时候，王经理来到他的身边，对他说："小张，帮我在信封上填好地址，然后寄出去，好吗？"说着，王经理递给小张一张名片，让他照着名片上的地址填写。

小张十分疲惫，于是匆匆地在信封上写下了地址，字迹十分潦草。

看到这一幕，王经理说："谢谢你啊，小张。麻烦你在信封上再帮我写一行字，好吗？"

小张只好说："您还想写点什么，王经理？"

王经理看着信封，说："写上'字迹潦草，还请谅解'这几个字就行了。"

小张听了，不好意思地笑了笑，对王经理解释说："对不起，王经理。从上班到现在我一刻也没闲着，实在是太忙了。我还是帮您重新填写一个信封吧！"

面对小张的敷衍了事，王经理并没有直接批评，而是以幽默的方式表达自己的不满。在轻松的氛围中，小张认识到了自己的错误，并积极地加以改正。倘若王经理不管不顾地斥责小张一番，小张被迫承认错误则罢了，如果他感觉心中充满委屈，一时情绪失控地爆发出来，那么局面就难以收拾了。毕竟小张一直在不停地忙碌，身体确实有些疲劳，辛辛苦苦之后不仅没有得到王经理的鼓励，反而得到一通斥责，换作任何人心里都会觉得难以接受。由此不难想象，带着"笑果"的批评，比劈头盖脸的责备不知强了多少倍。

在工作的过程中，我们会遇到形形色色的人，每个人的性格、思想、素质都有所不同，难免会因为种种分歧产生一些问题，倘若我们以呵斥、责备的方式进行批评，或许在表面上能够起到一定的作用，但是并不能从根本上解决问题，更无法让对方从心理上真正尊重我们。在批评人的时候，不妨以幽默的方式来表达，这样可以缓解紧张的气氛，在融洽的环境中，对方会更愿意倾听我们的意见，接受我们的批评。

幽默的批评往往可以达到出人意料的效果，让人心甘情愿地接受批评。因为笑容代表着友善，它能驱散对方心中的抵触情绪。借助幽默，我们可以温柔地震撼对方的心灵，让其受到触动，产生更多的思考。

会心一笑

周末，5岁的壮壮趴在桌子上不停地写着什么。

妈妈问他："壮壮，你趴在那里写什么呢？"

壮壮高兴地回答："我在给奶奶写信呢！"

妈妈大惊："你还没学写字呢，怎么就能写信啊？"

壮壮不以为然地说："这有什么关系？反正奶奶也不认识字。"

在职场中打拼，总会有些事情不尽如人意，当员工想向上司提建议的时候，一定要选择上司愿意接受的方式，带着幽默就是上好的方式之一。让上司听着舒服，才能达到提建议的目的。

带着幽默提建议，上司更愿意接受

在现实生活中，常常能够见到这样的情况：某些下属在给上司提建议的时候，因为不注意表达方式，使得上司对其颇有微词，最终导致其建议并不为上司接受，更加严重的情况是，上司或许会对其产生偏见，以至于其职场之路越走越窄，最终只能面临被淘汰的命运。

实际上，如果我们善于运用幽默手段，带着幽默提建议，那么不但上司能够愉快地接受，而且能增进彼此之间的感情，令上司对我们产生好感。

一位将军到基层部队视察，以了解战士们实际的生活状况。

一天早上，他走进一个军营，询问战士们早餐状况如何。一位战士脸上露出幸福的笑容，说："一杯牛奶、一个鸡蛋、一个三明治、一份水果、一碗燕麦粥、两个夹肉卷饼，长官。"

将军听完之后，觉得简直难以置信："这样的早餐跟国王的早餐差不多了！"

这位战士很沉着地说："长官，非常遗憾，这是我在外面的餐厅吃的。"

视察结束之后，将军立刻下令改善战士们的伙食条件。

这位士兵是十分聪明的，他巧妙地运用幽默来表达不满的情绪，令将军一下子就明白了战士们对早餐的诉求。事实证明，他的这种做法是正确的，最终的结果也说明这种提建议的方式是十分可取的。

星期一早上，王经理又一次迟到了。负责考勤的员工发现之后，便找了个机会对王经理说："王经理，您星期天晚上有时间吗？"

王经理不明所以，说："有时间啊！"

员工面带微笑地提醒说："那真是太好了！请您早一点休息，免得您下个星期一早上上班迟到！"

王经理听了之后，感觉非常惭愧。从此以后，他再也没有迟到过。

在工作中，我们总会遇到让人不满的事情。出现问题的时候，尽量给予谅解，尝试用宽容的态度去应对，并以幽默的方式提出建议，往往能够赢得上司的认可和欣赏。如果你能在给上司提建议的时候让他会心一笑，就完全没有必要去担心自己的建议不会被采纳。

会心一笑

一个十分富有的人到法国去旅游，居住在一家豪华的大酒店里。

在这个富人的国家里，人们都十分尊重他，可是在法国，人们似乎对他并不是很在意。富人很想引起大家的关注，于是在吃早餐的时候故意大声叫道："服务员，给我来一份20法郎的早餐。"

服务员走过来恭敬地说："对不起，先生！我们这里不卖半份早餐。"

> 与同事相处的过程中，幽默的话语能够令交谈变得多姿多彩、充满生机，使大家在欢快的氛围中感受同事之间的深厚情谊，而懂得幽默的同事自然而然地会受到大家的欢迎。

同事相处，幽默是不可或缺的黏合剂

在现代社会中，各种环境瞬息万变，对职场人士的工作效率和速度都提出了新的要求，这就使得职场人士常常被压力困扰。总在压力之下工作，大家的心态难免会出现一些变化，想要保持融洽的同事关系，幽默显然不可或缺。在交谈的过程中，适当地说一些幽默的话，能够缓解同事的精神压力，说幽默话语的人，自然也会受人欢迎，成为职场的明星。

在很多人看来，和同事进行长时间交谈总是十分困难，因为大家都在一个办公室里，从事相似的工作，涉猎相似的知识，每每交谈起来，总是一些相对固定的内容，很难引起彼此的兴趣。长此以往，同事之间的交谈逐渐变成了简单的寒暄，这种不得已而为之的寒暄，并没有感情的投入，仅仅是形式主义罢了。它只会令同事之间的关系变得越来越冷淡，同事之间的相处也变得越来越艰难。

实际上，同事之间，完全没有必要以某种固定的模式来联络感情，如果搞得过于拘谨，职场生活就会变得枯燥乏味，这对于工作毫无裨益。如果能在沟通时添加一些幽默元素，那么职场生活就会变得多姿多彩起来。

比尔刚到一家新公司上班，和同事们并不是很熟悉，所以很难融入同事们的圈子。他很想和同事们打成一片，但是苦于没有合适的时机，所以他的想法一直很难达成。

最近一段时间，天气非常不好，同事们出门办事的时候都很麻烦，因此抱怨颇多，天气也成为公司里非常热门的话题。一天，同事们又聚在一起讨论天气。

"这鬼天气，出去跑业务的时候衣服都给弄脏了。"凯瑞抱怨道。

"谁说不是呢？到处都湿漉漉、潮乎乎的，真让人觉得不舒服。"哈利附和说。

"也不知上帝是怎么回事，这雨一直下个不停。"莉娜说。

"我想，上帝是有了什么伤心事，所以一直不停地哭呢！"比尔抓住机会，赶紧对同事们说。

听了比尔的话，同事们哈哈大笑起来。由此，比尔和同事们的关系一下拉近了很多，彼此的关系变得融洽了很多。从此以后，比尔变得越发活跃起来，在公司里逐渐成为众人喜爱的同事之一。

比尔一心希望融入公司这个集体之中，可是因为与同事比较生疏，所以一直未能达成心愿。但是他抓住一个偶然的机会，只用一句幽默的话语，就成功赢得了同事的笑声，获得了同事们的认可。可见，幽默的语言更受同事们欢迎。

比尔的一句幽默话就能起到如此大的效果，如果我们每天都以幽默的方式和同事交流，那么和同事之间的关系的融洽程度想必会超出很多人的想象。在与同事相处的过程中，难免会出现误解、摩擦等问题，此时若能以幽默的方式进行处理，彼此之间的关系非但不会变得僵化，还会因为你的豁达和体谅，而变得更加融洽和亲密。

会心一笑

一天，强森到理发店去理发。

强森："理一次发多少钱？"

理发师："25元。"

强森："怎么这么贵？我的头发根本就没有多少！"

理发师："我知道您没有多少头发。25元中只有10元是理发的费用，剩下的15元是找头发的费用。"

当一个人离开自己熟悉的工作岗位时，心中难免伴随着失落和不甘，以及对同事的不舍和留恋。然而，既然离开不可避免，倒不如以幽默的心态，来彰显自己的大度风范。

幽默地离职，突显大度的风范

幽默地离职，这是一种生活态度，是在向人们展示自己的豁达胸襟。这种态度是在告诉别人和自己，无论出于什么原因离职，都意味着新的生活即将开始。即使前路充满坎坷和磨难，我们也会充满信心地大步向前。

即使离职意味着失去生活的来源，意味着生活将会变得更加艰难，我们也应该笑着离开。只有保持乐观的心态，我们才有可能战胜磨难，赢得更大的成功。

马克·吐温曾经就职于《守声报》，令人遗憾的是，他仅仅在那里工作了6个月，总编就突然要将他辞退："你实在是太懒惰了，一点用都没有！我希望你能离开我们的报社。"

马克·吐温听了之后，竟然笑着说："你可真是愚昧！竟然要用6个月的时间才看清我的为人，我可是从刚入职的那天就知道你了。"

对于马克·吐温而言，突然失去工作无异于晴天霹雳一般，但是他并没有被沮丧冲昏头脑，而是迅速转换思路，只用一句话就扭转了被动的局面，带着自己的尊严骄傲地离开了报社。

除了这种方式，有些人会为自己的离职寻找一个十分体面的理由，当然，其中也充满了幽默的色彩。

卡特刚刚被公司辞退，他的朋友约翰赶来安慰他。

"怎么回事，我的朋友？你怎么会被辞退呢？"约翰不解地问。

"这个嘛，全是领班的主意。"卡特说，"你应该知道领班是什么人吧？他总是悠闲地监督别人工作，自己却什么都不做。"

"这个我当然知道了。"约翰答道，"只是他为什么要把你赶走呢？"

"妒忌！他完全是妒忌我！"卡特有些激动地说，"你知道吗？其他人都以为我才是领班呢！"

卡特将自己被辞退的原因归结为领班嫉妒，因为抢了领班的风头，让领班心生不满。实际情况究竟如何，其实大家心知肚明。面对被辞退的尴尬状况，卡特并没有怨天尤人，也没有唉声叹气，而是用自己的幽默逗乐了朋友，也让朋友从中看到了自己的乐观态度。

在职场中打拼，难免会遇到离职的情况。有时是因为想要获得更大的发展，有时是因为家庭变故，有时是因为环境变化，有时是因为被公司辞退……无论是何种原因，当离职不可避免地到来时，再怎么不舍、不甘、不服，都没有用，我们能做的，就是潇洒地、幽默地转身离开。

用幽默作为告别语，不仅是对自己的一种安慰和劝解，也能给曾经的同事带去一丝宽慰。毕竟，作为同心协力的一个团队，所有的同事都曾共同打拼过，在分别的时候，同事们显然不希望看到你的悲伤。

会心一笑

一名员工想要办理离职手续，经理让他写一份离职报告。

第二天，他拿出一份离职报告交给经理，上面只写了四个字：不想做了。

经理很不满意，说："一份报告，你就写四个字？多写一点！"

员工从经理手中拿回报告，回到自己的座位上又写了一阵，之后再次交给经理。

经理一看，报告多了两个字："真的。"

幽默测试

一个人的幽默感，和多种因素都有着直接的关系，如感情、气量、涵养、智力等。那么，你是不是一个幽默感十足的人呢？通过下面这个测试来检验一下吧！

题目

阅读下面的题目，选择与自己最相符的一个选项。

1. 朋友伤心欲绝地向你倾诉心事，你的反应是？

A. 讲一个轻松愉悦的笑话给他听

B. 将埋藏在心底的一段更为伤心的往事说给他听

C. 默默地听他倾诉完，然后告诉他停止悲伤，开始新的生活

D. 拉着他出去喝酒或是狂欢

2. 在朋友的生日聚会上，别人给你介绍了一位新朋友。你主动伸出手，想要和他握手，他却视若无睹，你会怎么做？

A. 找个机会戏弄或羞辱他一番

B. 搓搓手，掩饰想要和他握手的意图

C. 面带笑容地问他："您的手是不是不便于活动？"

D. 吹一声口哨，并且摇摇头，表现出毫不介意的态度

3. 朋友不小心拆了你的信，他主动表达歉意，你会怎样回应？

A. "能不能让我也看看你的日记本？"

B. "现在到了考验你的信誉度的时候了。"

C. "我能不能认为我以后又多了一个倾诉对象?"

D. "你怎么能这样做? 一点都不尊重人!"

4. 考试时, 同学抄袭了你的答案, 老师却认为你是抄袭答案的那个人, 并且对你进行了严肃的批评, 你会怎么处理这种情况?

A. 让那位同学请客, 使劲"宰"他一顿

B. 向老师保证: "我没抄袭, 要是抄袭了我就是小狗!"

C. 一言不发, 然后把老师的批评全部"还"给那位同学

D. 把考卷往地上一扔, 冲出办公室

5. 看到黑板上的 "1+1=3", 你的第一想法是什么?

A. 弱智

B. 社会学范畴数字演绎

C. 笔误而已

D. 刻意为之, 夺人眼球

6. 有一套测试题, 基础分占60%, 提高分占20%, 低难度分占10%, 高难度分占10%。你希望最终得到怎样的分数?

A. 60分足矣

B. 最好能考80分

C. 80~90分

D. 90分以上

7. 由于自己的粗心, 结果考试成绩不如平时比自己差的同学, 你会做出怎样的反应?

A. 觉得这只是一次意外, 根本不放在心上

B. 自嘲一下, 然后赞扬对方几句

C. 恭敬地向对方请教问题

D. 把自己的考卷搡作一团，扔进垃圾桶

8. 你赢得了班长竞选之后，如何向对手表达敬意？

A. 朝对手做个鬼脸

B. 主动与对手握手

C. 真心实意地对对手说："我一定不负同学们的信任和拥护。"

D. 看着对手失败的样子，心中暗生笑意

计分方法

每道题目选择A的计5分，选择B计10分，选择C计15分，选择D计20分。然后将各题得分相加，统计总分。

测试结果解析

40～65分：你还称不上幽默，顶多算是小丑式的滑稽而已。你对人生的认识还不够深刻，对待生活的态度过于随意，待人接物不够认真，缺乏原则性。

70～100分：你颇具才能，具有良好的自控力，能够做到喜怒不形于色。在生活中，十分善于逢场作戏，自认为很幽默地耍些小聪明，实际上内心世界非常复杂，难以捉摸。

105～130分：你的反应十分敏锐，具有极强的洞察力，而且非常谦虚、诚恳，是一个心理成熟、颇具内涵的人。你平静的外表下隐藏着一颗充满智慧的心，堪称幽默大师级的人物。

135～160分：你具有十分聪慧的大脑，但是对外界事物并不热心，由于具有极为强烈的自我意识，因此会让人感觉不好相处，不易接近。你能运用很多幽默，但是所谓过犹不及，你的幽默并不十分受欢迎。

第四章

幽默思维，助你变身谈判达人

谈判双方为了各自的利益，会在某些问题上针锋相对、寸土必争，但是这种情况并非谈判的主旋律。谈判的最终目的，是实现双方共赢。谈判的过程艰苦、乏味，让人心生烦躁，种种不良的心态并不利于最终目的的达成。如果能以幽默的思维改善谈判的氛围，调节谈判的方式和心态，那么谈判就会向着双方期望的方向发展。

> 在谈判开始之前，谈判双方都已设定了自己的最终目标和承受底线。但在心理上，双方难免会有抵触和对抗的情绪，唯恐对方占了自己的便宜。运用幽默的手段会使对方放松戒备，令谈判变得轻松起来。

巧用幽默，让对方笑着解除心理戒备

  就谈判本身而言，它是一件非常严肃的事情。毕竟，谈判双方都要站在自己的立场上，力求争取利益最大化。从争夺利益的角度上来说，双方是站在对立的角度上，但是从谈判的终极目标来说，双方则是合作共赢的关系。一旦谈判目的无法达成，那么双方都会受到损失。所以，为了双方共同的利益，应该想方设法地促使谈判获得成功。想要做到这一点，最重要的事情就是解除对方的心理戒备，为谈判创造良好的基础条件。

  试想一下，如果你总是一副一本正经的样子，十分严肃而认真地和对方谈判，那么谈判的氛围必定是沉闷无比、非常压抑的，在这种氛围中，对方的心理会始终保持紧张状态，很容易出现谈不下去的情况。当一场谈判出现多次暂停时，自然会对最终达成协议造成影响。相对而言，轻松而愉悦的氛围有助于缓解紧张的心态，也能激发想象力，促使谈判向着有利于双方的方向发展。

　　1943年，英国首相丘吉尔和法国总统戴高乐在叙利亚的问题上有不同的见解，由于意见不合，彼此产生了不满情绪。如果双方始终无法达成一致，不仅会影响两个国家的亲密关系，还会对国际形势产生巨大的影响。想要解决这个棘手的问题，卓有成效的会晤是一个十分必要的手段。

　　丘吉尔对法语并不在行，而戴高乐则对英语十分精通。会晤这一天，在戴高乐一行到来之后，丘吉尔先用蹩脚的法语说："女士们可以先去逛逛市场，戴高乐和其他的先生与我一起到花园去聊天。"之后，他又用英语对自己的大使说："我的法语还算说得过去吧？既然戴高乐将军精通英语，我想他应该可以理解我说的法语是什么意思。"

　　丘吉尔说完，在场的人都哈哈大笑起来。

　　丘吉尔通过幽默的语言，很好地消除了双方人员的紧张情绪，为会晤创造了良好的氛围，这对双方达成一致目标起到了积极的推动作用。还有另外一个与丘吉尔有关的案例，也体现出丘吉尔的幽默智慧。

　　第二次世界大战期间，英国的武器装备稍显不足，于是丘吉尔前往美国华盛顿，准备和美国总统罗斯福进行会晤，希望美国能在军需物资方面提供帮助。

　　会晤被安排在丘吉尔抵达华盛顿后的第二天。那天凌晨，丘吉尔边享受着沐浴的快乐，边思考着会晤中的问题。出人意料的是，罗斯福竟然推开门走了进来。

　　当时，丘吉尔赤裸着身子，肥大的肚子露出水面。两个人互相看着彼此，一时间都愣在那里。最后，丘吉尔首先说："总统先生，在您面前，大英帝国的首相可是丝毫没有隐瞒啊！"

　　话音刚落，两个人不约而同地笑了起来。

　　在这一个瞬间，丘吉尔用幽默的语言打动了罗斯福，"丝毫没有隐瞒"这六个字，不仅是丘吉尔对自己的调侃，还表明了他在此次会晤中带着真诚的态度。有了这样良好的开端，两个人的谈判很快达成了一致。

通常来说，谈判双方是矛盾的统一体，为了达成某种协议，双方既不想退让，也不想轻易地放弃合作的机会。为了在矛盾中实现统一，就要求双方各自做出一些让步，在讨价还价中将自己的利益最大化。

在谈判刚刚开始的时候，可以试着以轻松、幽默的态度引出谈判的主题，这样可以为谈判定下一个比较轻松的基调，让对方自然而然地放下戒备。对于微笑，每个人都不会拒绝，幽默的话语更容易赢得对方的好感，如果可以灵活自如地巧用幽默，你就能成为谈判桌上的"常胜将军"。

会心一笑

一天，张经理和李经理约在一家酒店进行商务谈判。

在谈判开始之前，张经理称赞李经理说："李总，您能掌管这么大一家公司，真是魄力惊人啊，当'头儿'可不容易。"

李经理回答："那可不是，在公司我是'头儿'，在家我也是'头'。"

"那么，您太太是什么呢？"张经理调侃道。

"我太太啊，是'脖子'，我这'头'要怎么转，还得听'脖子'的。"李经理笑着答道。

　　谈判双方为了自己的利益进行辩论，甚至出现争吵都是十分正常的情况，想要顺利地解决争端，巧用幽默是非常好的方式之一。

用幽默解决争端，"和平"便唾手可得

　　在谈判的过程中，出现争端是再正常不过的事情，因为双方都有自己的观点，而且要找出各种各样的论据支持自己的观点，以求说服对方，让自己在谈判中占据主动，争取更多的利益。

　　在通常情况下，谈判双方都是通过摆事实、讲道理的方式，希望可以做到以理服人，面对这种情况，你可以尝试着另辟蹊径，根据对方的观点提出一个比较荒谬的见解，让对方在笑声中意识到他自己的要求是完全不合情理的。这时，我们再摆出自己的观点，往往能够说服对方。

　　1946年5月，远东国际军事法庭准备审判以东条英机为首的28名日本甲级战犯。在排定座次的问题上，参与审判的法官们发生了激烈的争辩。

　　按照惯例，座次的安排应该依照日本投降时各受降国的签字顺序来确定，这样，中国法官的位置应该在庭长左手边的第二位。但是，由于中国国力较弱，其他国家并不同意这样的座次安排。

面对这种情况，代表中国出庭的梅汝璈法官据理力争。当他发现无法用常规手段说服其他法官时，便想到了用幽默手法争取谈判的胜利。他微微一笑说："当然，假如各位同仁不同意按照惯例来排定座次，那么我们可以根据各位的体重来决定各自的座位。体重越重的人，座位越靠近庭长。"

各国的法官听了之后都情不自禁地笑了起来。庭长说："你的这个建议不错，可惜的是它只适用于拳击比赛。"

梅汝璈法官接着说："如果不按照受降国的签字顺序来排定座次，我觉得还是按体重来排比较好。这样的话，即使我的位置被排在最末端，我也觉得心安理得，至少我能对我的国家有所交代。如果他们认为我坐在末端的位置不合适，他们就可以派一个比较胖的法官来代替我。"

梅汝璈法官说完，全场又爆发出一阵笑声。

在当时，中国国力不强是不争的事实，但是梅汝璈法官并没有因此而低声下气，也没有向其他国家的法官妥协。在他的合理要求被否决的时候，梅汝璈法官以幽默的方式化解了争端，最终令众位法官接受了自己的观点。

在谈判的过程中，当谈判双方处于寸步不让的紧张状态时，试着用幽默的方式去说服对方，让对方在笑声中接受你的观点，会比强硬时接受你的观点容易得多。当你可以灵活自如地将幽默运用于谈判之中时，你的论证往往更有说服力。

会心一笑

一个法官的眼睛有些斜视，因此常常闹出一些笑话。

一天，三个犯人并排坐在法官面前。

法官神情严肃地说："告诉我你叫什么名字？"

"沃尔。"第二个犯人规规矩矩地答道。

"我问的不是你！"法官大声吼道。

"可是，我并没有说话啊！"第三个犯人满脸委屈地说。

在谈判过程中，哪一方占据主动，往往就能得到更大的利益，因此，学会抢夺主动权的技巧就成为谈判中的必修课。实践证明，通过幽默引导，通常能够让对方不得不接受谈判条件。

幽默引导，赢得谈判的主动权

众所周知，在谈判过程中应该尽量争取主动权，这样才能制人而不制于人。通常情况下，实力占据上风的一方，往往可以掌握谈判的主动权，成为谈判的大赢家。

对于参与谈判的人而言，只要占据了一步主动，就能牵着对方的鼻子，让对方顺着自己的思路走，最终能够做到步步都主动，从而为自己赢得最大的利益。在实践活动中，有很多方法可以争取谈判的主动权，但是运用幽默的方式，一步步地引导对方，往往可以在谈判中兵不血刃地占据主动。

强乐刚刚考下了驾照，很想借父亲的车出去练习技术。

一天，父亲下班回到家中。强乐故作神秘地对父亲说："爸爸，您知道吗？人类最初的时候并不会直立行走。"

"这个我知道啊！"父亲认真地说。

"那么，您一定不知道，人类学家说过，人类本来就不该直立行走的。"强乐又说。

"是吗？这个我还真不知道。可是，人类都已经直立行走了，说这些还有什么意义？"父亲有些不解地说。

"人类学家的话应该没错，所以我想遵照他们的话去做。所以呢，请您把车钥匙给我，把车借给我用一下。"强乐满面笑容地说。

父亲自知上当，但是也无可奈何，只好将车钥匙交给了强乐。

强乐并没有直接向父亲提出借车的事情，而是通过一步步的引导，让父亲走进自己提前设置好的"圈套"之中。在幽默的交谈中，父亲感受到了强乐的聪慧，对强乐的要求很自然地就表示了同意。

在生活中，类似的案例不胜枚举，凡是能够做到幽默引导的人，都可称得上是谈判高手。

汉娜："妈妈，我想养一只漂亮的小猫。"

妈妈："亲爱的，小猫身上会长跳蚤，很不卫生。妈妈给你买一个漂亮的玩具猫，好不好？"

汉娜："我不想要玩具猫，如果您不让我养小猫，那么您就给我生一个可爱的小妹妹吧，让她陪我玩。"

第二天，妈妈就买回了一只漂亮的小猫，汉娜别提有多高兴了。

在这个案例中，汉娜看似滑稽的选项，恰恰是影响妈妈判断的因素之一。妈妈觉得汉娜那毫无逻辑的怪想法十分有趣，因此不知不觉间将"拒绝"这个选项抛在了脑后。当选择范围变成二选一的时候，按照正常的思维，买一只小猫显然比生一个妹妹更加容易实现，于是，妈妈选择了前者，而汉娜则轻而易举地达成了自己的目标。

在谈判的过程中，想要占据主动，并不一定非要采用"碾压"的方式，因为这种方式常常会引起对方的反感，稍有不慎，反而会起到相反的作用。采用幽默的方式，可以让对方心甘情愿地跟着我们的节奏进行谈判，引导到一定的程度之后，谈判的主动权自然而然就会落入我们手中。

会心一笑

一天，爸爸教孩子识数。

爸爸问："宝贝，'1'后面是几？"

孩子："2。"

爸爸："没错！那'2'后面呢？"

孩子："3。"

爸爸："太棒了！那'3'后面呢？"

孩子："耶！"孩子边说边比出了一个"V"的手势。

> 有时候，谈判双方的地位并不对等，处于弱势的一方只有适当示弱，才能确保谈判继续进行下去。可以说，幽默地示弱是一种大智慧，也是谈判成功的有力武器。

幽默示弱，谈判终能柳暗花明

在激烈的谈判过程中，让步就意味着将主动权拱手让给对方，所以很多人不会选择这样一种做法，即便到了谈判即将破裂的地步，许多人仍会坚持自己的条件，还美其名曰"坚守底线"。殊不知，在某些场合中，谈判双方的地位在谈判尚未开始时就已经确定。如果处于被动的一方不懂示弱，一味强势，那么最终只会令自己蒙受巨大的损失。

但凡善于谈判的人，总能在恰当的时机选择适当示弱，这种示弱并不是向对方认输，而是刻意做出一种姿态，让对方放松警惕，以求达到谈判成功的目的。在示弱的时候，若能加进一些幽默的话语，所能起到的效果会更加显著。

在水产养殖方面，挪威人具有十分丰富的经验和资源，所以很多国家都从挪威进口鱼类。

有一年，苏联计划从挪威进口一批鲱鱼，挪威人却开出了令人难以接受的高价。双方进行了数次谈判，却没有丝毫进展。挪威人坚持自己的价格，不给苏联方面一点回旋的余地。

面对这种情况，苏联方面只得不断更换谈判代表，以求打开突破口，可是始终无法得偿所愿。最后，苏联方面决定派亚历山德拉·柯伦泰作为谈判代表，希望谈判能够成功。

亚历山德拉·柯伦泰奔赴挪威，重新开启谈判，然而几轮谈判之后，挪威人依然寸土不让。

"就这个价格，没得商量！"挪威人语气坚定地说。"这样的话，我只能到别人那里去买了。"柯伦泰边说边装出一副准备离场的样子。她本以为对方为了生意会适当地降低价格，可是对方仍不为所动地说："就算是鱼都烂掉，我也不会卖！"

双方都不愿让步，而且表现得极为强势，谈判再度陷入僵局。挪威人对此并不在意，因为挪威鲱鱼的质量很好，苏联人想吃到优质的鲱鱼只能找他们购买；而且即便苏联人不买，他们的鲱鱼也不缺销路。可是对于亚历山德拉·柯伦泰来说，她不仅要达成协议，还要抓紧时间。

柯伦泰的脸上露出了愁容，这个棘手的问题仿佛让她有些难堪："好吧，就以你们提出的价格为准。可是，你们要知道，这么高的价格，我们政府一定不会批准的，我只能先支付一部分款项，差额的部分我再用自己的工资补上。当然，我一下子肯定拿不出那么多钱，所以只能分期付款。这可真是一大笔债务啊，恐怕我得还一辈子债了。"柯伦泰停顿了一下，耸了耸肩膀说："等我变成老太婆的时候，我的债主也要变成一群老头子了！"

听了柯伦泰的这番话，在场的人全都忍俊不禁。挪威人经过商议之后，一致同意按照苏联政府能够接受的价格将鲱鱼出售给她。

在这场十分漫长的谈判中，亚历山德拉·柯伦泰最终笑到了最后，她之所以能够取得前几任谈判代表无法取得的成就，是因为她深谙谈判之道，懂得在适当的时候幽默地示弱，终于重新打开了已经关闭的谈判大门。

　　由此不难看出，幽默地示弱也是一门技术活，当我们能够利用幽默的智慧，打开对方紧闭的心门时，我们离谈判成功就已经不远了。所谓"山重水复疑无路，柳暗花明又一村"，当强势的态度无法令谈判取得突破时，我们不妨转换一下思路，适当地示弱会让我们发现另一片天空。

会心一笑

　　有一个人，他十分吝啬，对自己的家人也不例外。

　　一天吃饭时，两个孩子盛好饭之后，问父亲下饭菜是什么，那人于是拿出一条咸鱼挂在墙上，说："你们看一眼鱼，吃一口饭就行了。"孩子无可奈何，只好将就地吃起来。

　　忽然，两个孩子争执起来。父亲急忙询问原因。弟弟生气地说："刚才哥哥多看了咸鱼一眼。"父亲听了大为光火，说："别理他，咸死这个馋猫！"

　　在谈判时，如果对方出现谬误，我们一定要抓住这个机会，利用以谬制谬的手段给予对方沉重的打击，让对方自食其果，而又无法进行反驳。

以谬制谬，顺言逆意的幽默说辞

　　在诸多的谈判手段中，以谬制谬是一种极为精妙的智慧。无论对方做了怎样充足的准备，都难以抵挡它的有力攻击。从逻辑学常识就可得知，以子之矛攻子之盾，往往能轻易击败对方。

　　使用以谬制谬的方式，可以增加幽默感，从而使得辩论的感染力更强；而且，这种辩论的方式往往无懈可击，毕竟论点是从对方的观点中引申而来的，对方若要否认，就是对自己的否认，一般人是不愿意做这种事的。

　　一天，古希腊文学家欧伦斯庇格感觉有些饿，于是走进一家饭店准备吃饭。可是，等了很久之后，他点的烤肉还没烤熟，于是，他吃了一些面包之后就躺在烤炉边的凳子上打盹。

　　后来，烤肉终于熟了，店主把烤肉端上餐桌，请欧伦斯庇格用餐。可是欧伦斯庇格早就没有了食欲，他睡眼惺忪地说："你烤肉的时候我闻都闻饱了。"店主一听，便拿着托盘要收欧伦斯庇格的烤肉钱，理由是他已经闻肉味闻饱了，所以应该付和烤肉一样多的钱。

听了店主的话，欧伦斯庇格便掏出一枚银币，扔到凳子上，对店主说："你听到银币的声音了吗？"

店主答道："听到了。"

于是，欧伦斯庇格立刻抓起银币，放回了口袋，并对店主说："你听到了我的银币发出的声音，足以支付我闻到的肉味钱。"

店主听后，哑口无言。

对于店主的荒谬说法，欧伦斯庇格给予了幽默的回击——既然闻到香味要收钱，那么听到钱的声音就相当于付了钱。这两种观点单独看来都是十分荒谬的，但是有了因果关系之后，幽默的效果自然会显现出来。

鲁迅先生曾担任厦门大学教授，在他任教期间，校长经常克扣教学经费，引起了在校师生的极大不满。

一天，校长又准备把定好的经费削减一半，于是召集相关人员开会。他刚刚提出削减经费的方案，教授们立刻表示反对。

教授们表示："学校的研究经费本就不多，很多科研项目根本无法展开，一些正在进行的研究项目也是举步维艰，而且有许多研究成果和论著因为没有资金而无法印刷，如果再削减经费，那么所有的科研及教学工作都会受到影响。因此，不能再削减经费。"

校长根本就不听大家的意见，他强词夺理地说："在经费这个问题上，你们根本就没有发言权。学校是有钱人出钱办的，他们才有发言权。在这个问题上，应该充分尊重有钱人的意见。"

校长的话音刚落，鲁迅先生立刻站起身来。他从口袋里摸出两个银币丢到桌子上，说："我有钱！我有发言权！"接着，他逻辑缜密地分析了不能削减经费的原因，论据充分、思路严谨，使得校长难以辩驳。最终，教授们赢得了这场谈判的胜利。

鲁迅先生凭两个银币当了一回"有钱人"，并借助这个身份表达了自己的观点，慷慨激昂、无懈可击，令校长哑口无言。这真是以谬制谬的妙处，不仅战胜了对方，还让对方搬起石头砸自己的脚。鲁迅先生将以谬制谬的方法运用得淋漓尽致，不愧为一代文豪。

以谬制谬实际上就是将对方的观点借为己用，通过对方荒谬的观点，引出一个同样甚至更为荒谬的观点，使对方认识到自己观点荒谬的同时，又无法进行驳斥。这样一来，就达到了"以子之矛攻子之盾"的效果。在谈判的过程中，一旦发现对方的观点有谬误，就能以此为契机，通过以谬制谬的方式攻击对方，这不仅能为紧张的谈判带来幽默的气氛，还会令自己的观点变得更加具有说服力。

会心一笑

一个猎人正准备射杀一只黑熊，黑熊甜言蜜语地对他说："先别开火，我觉得进行谈判更好。你说吧，你想要什么？"

猎人放下猎枪，说："我想要一件皮大衣。"

黑熊说："这太容易了，咱们坐下说吧。"

没过多长时间，黑熊抚摸着凸起的肚子说："你看，咱们都得偿所愿了，我的肚子饱了，你也有了一件皮大衣。"

> 谈判双方为了自己的利益，总要进行艰苦卓绝的谈判，在谈判陷入僵局时，最好幽默地停止谈判，与其苦谈而没有丝毫效果，倒不如"放长线，钓大鱼"。

幽默退让，放长线才能钓大鱼

虽然谈判是一件十分严肃而庄重的事情，也确实需要从对方那里得到更多利于自己的条件，但是如果你总以呆板的面孔示人，非要紧紧抓住对方不放，那么最终的结果肯定不会太好，甚至会与你的期望背道而驰。

如果妄图通过步步紧逼的方式来达到自己的目的，那么对方十有八九不会乖乖就范。在适当的时候表现自己的幽默，反而能够得到更好的结果。

20世纪80年代，美国的皮尔公司面临着破产的命运。此时，著名的亿万富翁巴斯兄弟想要收购这家公司，于是他们与皮尔公司的董事会进行了一场艰苦卓绝的谈判。

经过数轮谈判之后，双方依然无法在价格上达成一致，巴斯兄弟只好暂时搁置收购的计划，并十分风趣地对对方的谈判代表说："当你拼命追求一个女生却得不到回应时，就要学会放手，做生意也是同样的道理。希望你们能找到更好的交易对象。"

他们推荐了一些比较合适的人选给对方，并叮嘱道："假如没能找到更好的选择，你们还可以来找我们谈。"

皮尔公司经过一系列的谈判之后，并没有找到更好的交易对象，只好再次与巴斯兄弟取得联系。

巴斯兄弟欣然同意，双方再次坐到谈判桌前，巴斯兄弟说："有的时候，做生意和求爱是一样的。假如你一直紧追不放，她可能会扬长而去；倘若你适当地退几步，她倒有可能跟着你的脚步上前。"

巴斯兄弟的幽默引得大家哈哈大笑，谈判氛围因此变得活跃起来。这一次，双方很快就达成了一致，巴斯兄弟终于如愿以偿地收购了皮尔公司。

在谈判陷入僵局的时候，巴斯兄弟主动选择退出，并为皮尔公司推荐了一些人选。如果巴斯兄弟非要趁着皮尔公司将要破产的时候将其收购，难免给人一种趁火打劫的感觉，这样，皮尔公司的代表自然更加不愿在谈判中退让。而巴斯兄弟以幽默的方式主动退出，恰恰为双方的后续谈判奠定了基础。

所谓"放长线，钓大鱼"，只有将目光放得长远一些，才能得到更大和更多的利益。所以说，在谈判陷入暂时无法打破的僵局时，一定要幽默而果断地放手，你让对方感觉舒服，对方就会对你产生美好的印象。这样一来，即使这次谈判不成，也为之后的合作打下了坚实的基础，培养了一个潜在的伙伴。

会心一笑

一天，我陪同朋友去参加一个谈判，眼见双方僵持不下，我急得脱口而出："如果今天谈不出个结果，我敢保证你无法看到明天的太阳！"

对方惊讶地看了我一眼，陷入了沉思……

最终，谈判顺利达成。于是，朋友邀请所有人一起吃了晚饭。

席间，对方问我在哪儿高就。我如实相告："我在气象台工作。"

在生活中，总有一些以攻击别人为乐的人，与他们争执不仅毫无意义，还没有任何胜算。倒不如用幽默的方式进行回击，让他们在笑声中意识到自己的攻击是一种巨大的错误。

用幽默巧妙化解对方的猛烈攻击

在遭受猛烈攻击的时候，巧妙地运用幽默，可以将对方的攻击化于无形。不过，想要用幽默在关键时刻为自己助阵，就要在平时多加练习，做到熟能生巧，这样才能真正感受和体会到幽默的巨大魅力。

一旦具备了幽默的思维和灵活运用的能力，我们往往就可以将对方的嘲讽转化为坚固的盾牌，在钝化对方攻击的同时，给予对方犀利的回击。倘若对方言语不敬，我们应该用充满智慧和幽默的口才进行反驳，这样更能突显自己睿智的头脑和善意的态度。幽默的语言能够直率地表达我们的观点，而且不失语言犀利的特点，让对方的攻击像打在弹簧上一样，使其品尝到更加凄苦的滋味。

马雅可夫斯基是苏联著名的诗人，一天他和一个反对者进行辩论。

反对者说："马雅可夫斯基，你和浑蛋之间有多大的距离？"

马雅可夫斯基笑而不答，他不紧不慢地走到反对者面前说："我和浑蛋之间只有一步之遥。"

听到马雅可夫斯基的回答，周围的人都哈哈大笑起来，而那位攻击者只能灰溜溜地离开了现场。

不难看出，反对者的语言充满了攻击性，他将马雅可夫斯基与浑蛋相提并论，给马雅可夫斯基出了一个极大的难题。如果马雅可夫斯基大发雷霆，就会失去绅士的气质；如果不予理会，则会给反对者留下口实。马雅可夫斯基妙用幽默，在笑声中便将对方的攻击化解，并令对方无言以对，最终搬起石头砸了自己的脚。

杜罗夫是俄罗斯著名的丑角演员，一天，他在趁演出的间隙休息时，一个非常高傲的观众径直走到的身旁，饱含嘲讽地说道："丑角先生，观众们都很欢迎你吧？"

杜罗夫谦虚地答道："还可以吧！"

那位观众不依不饶："想在马戏班里受人欢迎，丑角是不是必须要有一张丑陋而又愚蠢的脸呢？"

"您说得没错。"杜罗夫说，"如果我能拥有一张像您一样的脸，那我肯定能拿到双倍的工资。"

听了杜罗夫的回答，相信很多人都会发自内心地笑出来。杜罗夫巧妙地将那位观众的脸和自己的工资联系在一起，对那位观众进行了有力的回击，不仅产生了令人捧腹的幽默效果，而且让对方难以反驳，只能自己承受嘲讽的后果。

在生活中，我们难免会遇到一些言语过激或是态度不敬的人，与他们辩论或谈判的时候，心情往往会受到很大影响。如果不能很好地控制自己的状态，因为对方的攻击而乱了阵脚，最终只能接受失败的命运。假如可以好好利用幽默这块坚固的盾牌，那么无论对方怎样恶声恶气，他们的恶毒语言都会被我们轻松瓦解。

会心一笑

一位诗人十分用心地写完了一首长诗，他带着诗稿去找自己的朋友，将诗从头至尾念给朋友听。

"你觉得怎么样？"诗人问朋友。

"我觉得不太好，没有一点诗的意境。"朋友坦率地回应道。

诗人听了很生气，于是对着朋友破口大骂。

"你这篇骂人的散文比刚刚那首长诗好多了。"朋友面不改色地说。

幽默感并不等同于逗乐，应该对二者有所区分。具有幽默感的人，并不一定能够讲出逗乐的话，因为逗人发笑是一项复杂的工作，不仅需要判断对象、环境，还需要恰当的语言、丰富的经验和高超的智慧。

题目

根据自己的实际情况，对下列问题做出"是"或"否"的回答，或是按照题目要求作答。

1. 在我看来，我的外向性格多于内向性格。

2. 有的时候，我会冲着镜子做鬼脸。

3. 看闹剧的时候，我更喜欢慢镜头，而非快镜头。

4. 如果有人拿我开玩笑，我会觉得很不安。

5. 我的大部分照片都和现实生活中的我有差异。

6. 我的脑子里存储了很多笑话。

7. 去动物园的时候，我更喜欢看狮子、老虎，而非猴子、猩猩。

8. 一般情况下，我会脱离社会的束缚。

9. 为了博别人一笑，我喜欢唱歌、跳舞或是讲一些发生在自己身上的小故事。

10. 在纸上信手涂鸦。

　　将自己的答案与下表中的答案进行比对，两者相符的题目，每题计1分；不相符的，计0分。第10题，如果所画的大部分为曲线则计1分，否则计0分。最后将各题得分相加，统计总分即可。

题号	回答	题号	回答
1	是	6	是
2	是	7	否
3	否	8	是
4	否	9	是
5	否		

测试结果解析

　　0~3分：你或许有些过于严肃了，不喜欢开玩笑和打纸牌，这可能是因为你意识到自己是公众人物，总是受人瞩目。你应该尝试着放松一些，这样能让你更加快乐。

　　4~7分：你具有让人发笑的能力，跟你在一起的人往往会觉得十分快乐，不过你还没达到炉火纯青的程度，依然需要努力提升逗笑能力。

　　8~10分：你的幽默感已经超出了大部分人，甚至可以与喜剧演员媲美。保持你的幽默感，这会让你更具人格魅力。

第五章

幽默演讲，妙语令你获得如潮掌声

演讲是一门高深的艺术，能够真正掌握其精髓的人可谓凤毛麟角。一场精彩的演讲，不仅能体现演讲者极佳的口才，而且能让听众从中学到很多知识。然而，想要获得听众的认可和欢迎，并非轻而易举的事情。如何才能抓住听众的心呢？幽默完全可以助演讲者一臂之力。幽默的语言，并非只是起到锦上添花的作用，如果用得恰当，它们就是演讲的点睛之笔。

> 一个演讲者是否受听众的欢迎，不仅和他的学识有关，还与他的演讲方式有着很大的关系。相较于语言乏味的演讲者，那些幽默的演讲者明显更受听众欢迎。

但凡受欢迎的演讲者，无不风趣幽默

在生活中，每个人每天都在扮演着听众的角色。平时交流中的角色或许与演讲中需要扮演的角色有所不同，但是内心的感受有很多相通之处。

试想一下，在日常生活中，当那些幽默的人说话时，我们是不是会受到更多的吸引？是否更愿意听他们说话？这种对幽默的渴望和欣赏，在听演讲的过程中只会增加而不会减少。这是因为，在平时的交流中，自己尚可通过语言来表达意见；而听演讲的过程中，由于无法表达自己的情感，对幽默的期盼自然会更加强烈一些。

一个受欢迎的演讲者，必然能够符合听众的心理预期，因此，风趣幽默是他身上不可或缺的重要标签之一。

1966年，现代著名文学家林语堂应台北一所院校邀请，要在该校的毕业典礼上进行演讲。毕业典礼当天，在林语堂上台之前，几位地位颇高的人物进行了冗长而枯燥的演讲，使得台下的听众一个个了无兴趣、无精打采。

轮到林语堂上台时，留给他的演讲时间已经所剩无几。无奈之下，林语堂只好放弃自己精心准备的演讲稿，以极快的速度走上讲台，说："绅士的演讲应该像女人穿的迷你裙，越短越好！"说完之后，他走下讲台，结束了自己的演讲。在场的人都愣住了，之后现场便传来了一阵愉快的笑声，随后，热烈而响亮的掌声响起来，大家用笑声和掌声表达了对林语堂的深深的喜爱和拥戴。

林语堂的幽默，在这短短十几个字的演讲中显露无遗。他的幽默，为他赢得了更多人的喜爱和欢迎。

纵观历史，但凡受听众欢迎的演讲者，无不具有风趣幽默的特质。在他们合理而恰当的幽默中，听众不仅能够得到快乐，还能深刻领会到演讲者所要表达的思想和观点。如果你也想成为受欢迎的演讲者，就要重视幽默，懂得运用笑声来调节听众的情绪，让他们从内心深处喜欢上你。

会心一笑

某人进行了一场冗长而乏味的演讲之后，问一位老者："您觉得我的演讲有什么不妥之处？"

老者："你的演讲让人全神贯注，如沐春风。"

演讲者："您真是过奖了。"

老者："我是实事求是。但是有一点你确实应该注意一下。"

演讲者："哪一点呢？"

老者："你能不能轻手轻脚地走出会场？这样就不会吵醒大家了。"

一场精彩的演讲，好的开场白必不可少，在开场时就运用幽默的手段，往往能瞬间抓住听众的心，使听众不知不觉地进入状态，成为演讲者的拥趸。

抓住人心的幽默开场白必不可少

所谓"万事开头难"，进行演讲的时候也不例外。如果没能在演讲开始的阶段抓住听众的心，那么之后的演讲就会变得步履维艰；那些从一开始就能牢牢抓住听众注意力的演讲，才会受到听众的欢迎，赢得听众的掌声。想要抓住听众的心，幽默的开场白不失为一个极佳的选择。

在开场的时候幽默一下，能够使得演讲者和听众都处于相对放松的状态之中，不仅可以有效地拉近双方之间的距离，而且能让演讲者找到更好的状态，营造更好的演讲环境。

董新潮是一家公司的总经理，在一次宴会上，东道主临时邀请他发表演讲。

董新潮虽然之前没有任何准备，但是想到这是一个推销自己的好机会，于是应承了下来。东道主向大家介绍了一下董新潮，然后请他上台演讲。董新潮十分自信地走到台前，调整了一下状态，开始了自己的演讲。

"大家晚上好，我叫董新潮。在座的很多人可能并不认识我，可是了解我的人都知道，我对新潮的事物并不是十分热衷，从这个角度上说，我实在是愧对绞尽脑汁为我起名字的父母。在我演讲的过程中，如果哪位朋友觉得我过于陈腔滥调，请您一定要提出来，因为我确实需要学习一些新潮的思想和语言，才能做到'名副其实'啊！"

听到这样的开场白，在场的宾客都会心地笑了起来，快乐之余，众人对董新潮产生了浓厚的兴趣，对他的演讲也充满了期待。

在正式演讲开始之前，董新潮用自己的名字开了一个小玩笑，瞬间便将众位宾客的目光拉到了自己的身上。有了这样良好的开端，他的演讲会变得顺利起来，推销自己的目标必然能够达成。

都说"好的开始是成功的一半"，这句话一点不假。在演讲刚刚开始的时候，演讲者对环境、听众、现场效果等缺乏足够的认识，如果不能在短时间内调动起听众的积极性，就会对演讲者产生极大的打击。一旦心理受挫，那对接下来的演讲将是十分不利的，并会对最终的结果产生十分消极的影响。

在演讲的初始阶段，一定要想方设法地抓住听众的心，让听众随着你的思路往下走。可以说，一个幽默的开场白就是一张设计精美的名片，能够让听众从一开始就对你产生深刻而美好的印象。

会心一笑

有一个人十分喜欢演讲，但是演讲的时候总是不经意地"跑题"。一旦演讲开始，他总是滔滔不绝，似乎难以自已。一天，他在演讲的时候又犯了老毛病，不知不觉间两个小时已经过去了。有些听众心生不满，纷纷离席。这时，他才反应过来，十分不好意思地说："实在对不起！我讲的时间太长了，因为我把手表忘在家里了。"

他的话音刚落，从后排传来一个声音："没关系，从你背后的那张日历上来看，时间还早得很呢！"

幽默能够为演讲增添色彩，可以让演讲者更受欢迎，然而，运用幽默也要遵循一定的规矩。幽默要为演讲主题服务，如果随意滥用幽默，那么反而会影响演讲的完整性和协调性。

贴近主题的幽默，才能发挥最大魅力

贴近主题的幽默，能够激发听众的好奇心，让听众对演讲产生更多的期待，再加上幽默语言带来的欢快效果，演讲必然能够得到比预期更好的效果。

在哈佛大学2007年的毕业典礼上，比尔·盖茨应邀进行了一场演讲。众所周知，尽管比尔·盖茨曾经在哈佛大学求学，但是并没有完成学业，而是中途退学，开始创业。他所取得的成绩有目共睹，他甚至被誉为"哈佛大学历史上最成功的辍学生"。

在演讲中，比尔·盖茨不忘拿自己辍学的事情当作素材，给台下的学生们展开了一场精彩而令人印象深刻的演讲。他说："我由衷地为在座的各位同学感到高兴，你们拿到学位可比我当初容易多了。"

这句话说完，台下立刻响起了经久不息的掌声和笑声。

比尔·盖茨接着说："你们知道为什么我会被邀请参加毕业典礼并为你们

演讲吗？我想是因为，在所有从哈佛大学辍学的学生中，我做得最好，所以我最有资格代表我这类学生站在这里讲话。同时，你们应该感到庆幸，我没有在你们的开学典礼上演讲。因为我是一个极具恶劣影响力的人，我必须得提醒各位，我曾经让微软总经理也从哈佛商学院退学了。如果我在你们的开学典礼上演讲，或许能够坚持到今天毕业的同学会少很多呢！"

此时，台下响起了更加热烈的掌声和更加开怀的笑声。

对于比尔·盖茨来说，要在毕业典礼上进行演讲并不容易，因为他并未顺利毕业，这会让某些人觉得他对毕业的看法缺乏说服力。可是比尔·盖茨并未逃避毕业的话题，而是以诙谐的方式来谈论辍学这件事情。其中不仅表达了对毕业生的羡慕，还展现了自己的幽默和开朗，因此赢得了毕业生的欢迎。试想一下，倘若比尔·盖茨在讲毕业话题的时候穿插一些创业过程中的幽默故事，是不是会让人觉得不伦不类呢？对于这种主题不清的演讲，台下的毕业生又有几个会喜欢呢？

一场精彩的演讲，幽默元素必不可少，然而，如果仅仅为了逗听众一笑便滥用幽默，运用一些与主题不符的幽默故事或语言，就会分散演讲的主题，听众听完之后会觉得一头雾水，除了笑之外，什么都没有记住。如果出现这种情况，那这场演讲就是失败的，并不能实现演讲的终极目标。

会心一笑

在某校的毕业典礼上，校长大声宣读全年级第一名的同学的姓名，并让其上台领奖。然而，校长连续叫了好几次之后，那位同学才慢吞吞地走到主席台上，从校长手中接过了奖品。

下来之后，班主任问那位学生："怎么回事？你是不是生病了？还是刚才没有听清？"

学生说："我听清了，我主要是怕其他同学没听清楚。"

在演讲的过程中，难免会有一些意外的情况发生，比如受人质疑、突然忘词之类的，一旦处理不好，听众便会对演讲者产生不满。这时，优秀的演讲者会运用幽默来化解不利因素。

遭遇意外，幽默出场扭转局势

每一个演讲者都希望自己的演讲能够顺顺利利地结束，并赢得听众的喜爱和掌声。然而，事实并非如此，即使演讲者事先已经做好了充分的准备，在演讲现场偶尔也会出现一些意外状况。比如，听众思想不集中，反驳演讲者的观点，演讲者忘词、口误，等等。面对突发状况，一些经验不足的演讲者往往会觉得尴尬、气馁，甚至会发怒，但是这样做并不能对演讲产生任何帮助，反而会令听众感觉厌烦。而优秀的演讲者则会以幽默的方式处理意外情况，在笑声中扭转局势，使自己占据主动地位。

一次，林语堂应邀到美国哥伦比亚大学讲授中国文化课。在讲课的过程中，他不断赞美中国文化，表达自己热爱中国的感情。

这种表现令台下的一位女学生产生了质疑，她很不服气地问："林博士，您的意思是说，所有的东西都是中国的比较好，难道我们美国就没有什么东西可以跟中国的相提并论？"

　　林语堂略微思考了一下，微笑着对女学生说："当然有啊，你们美国的抽水马桶就比中国的好很多啊！"

　　林语堂说完，同学们立刻放声大笑起来。那位女学生对此无法进行反驳，也跟着同学们一起笑起来。就这样，课堂气氛变得活跃和融洽起来。

　　这位女学生提出的问题是十分尖锐的，并不容易回答。如果林语堂按照女学生的思路去赞美美国，那么就与自己所讲的主题是矛盾的；如果林语堂明确表示美国的东西没有中国的好，那么难免会令台下的学生产生抵触情绪，这不利于课程的推进。面对左右为难的情况，林语堂巧妙地将话题转移到"马桶"上，用一个小小的幽默就缓和了紧张的氛围。

　　20世纪30年代，美国政界有一位非常重要的人物，名叫凯升。他第一次在众议院发表演讲时，打扮得比较土气。一位议员在他演讲时插嘴道："这位从伊利诺伊州来的人，口袋里肯定装满了麦子！"

　　众人听了都哈哈大笑起来。

　　凯升并没有急于反驳，而是平和地说："没错，我不但在口袋里装满了麦子，头发里还藏着很多菜籽呢！我们住在西部的人，多数都是土头土脸的。"

　　接着，他话锋一转："不过，我们藏的麦子和菜籽，都能长出很好的苗子来！"

　　众人被凯升的幽默和真诚所感染，对他有了更多的认可和赞赏。

　　面对那位议员的嘲笑，凯升没有自乱阵脚，而是用幽默自嘲的方式化解了尴尬，进而赢得了众人的心。这不仅仅是凯升的胜利，也是幽默的胜利。

　　所谓"天有不测风云"，在演讲时总会遇到这样那样的意外情况。意外出现的时候，无须惊慌，此时正是考验演讲者功力的机会，积极调动自己的幽默细胞，一定可以顺利渡过难关。

会心一笑

　　夫妻俩每次吵架，妻子在气头上的时候总会去厕所，并且要在里面待很长时间。

　　次数多了之后，丈夫觉得十分好奇，便问妻子："你怎么一生气就在厕所里待那么长时间？"

　　妻子说："我在刷马桶！"

　　丈夫问："刷马桶能让你解气吗？"

　　妻子说："解不解气我不知道，反正每次都用你的牙刷刷。"

　　某些时候，演讲的话题很难用一两句话概括，即使能概括，听众也难以产生深刻的认识，这时候，适当地运用幽默的手段，有助于听众对演讲者的观点产生切身的体会。

恰当地渗透幽默，拨动听众的心弦

　　种种事例和亲身体会都能证明，幽默是演讲中不可或缺的组成部分，一场缺乏幽默的演讲，注定无法给听众带来听觉上的冲击和享受，它就像寡淡无味的凉水一样，难以令听众提起兴趣，演讲效果自然不会太好。

　　优秀的演讲者总能在恰当的时机融入幽默，用幽默来拨动听众的心弦，使他们像享受音乐般地走进演讲的世界，进而达到传递思想和表达观点的目的。

　　在罗斯福总统第四次竞选成功的时候，他依照惯例发表了公开的演讲。美国一家美国报社的记者前来采访，请他当众谈论一下连任的感受。

　　这位记者满脸羡慕地对罗斯福说："假如我是您，我一定会非常兴奋的，您是不是也有同感呢？"

　　罗斯福看了记者一眼，默默地拿了一块三明治递给他，并示意他吃下去。总统请自己吃三明治，这真是天大的荣幸，记者觉得十分开心，接过三明治几口就吃了下去。然后，他准备好纸笔，打算记录下罗斯福的观点。

可是，罗斯福并没有任何回答，而是又递给记者一块三明治，记者再次接过并吃完了它。接着，罗斯福又递来一块三明治，尽管记者不太想吃，但是盛情难却，只好勉强吃了下去。当罗斯福递过来第四块三明治的时候，记者再也忍不住了，说："总统先生，这三明治味道不错，可是我实在吃不下了。"

听了记者的话，罗斯福微笑着说："关于你提出的问题，我想我应该不用再做回答了。此刻，你应该已经深刻体会到了第四次当选总统的感受了。"

对于总统的工作和职务，普通民众毕竟难以产生深刻的认知，如果罗斯福条分缕析地进行说明，那么未必会有人听得下去。有鉴于此，罗斯福选择了另外一种表达方式，他用四块三明治幽默地表达了自己的观点，虽然没有直接予以回答，但是记者已经感同身受。

从这个案例中可以看出，借助幽默的语言，可以将难以理解和体会的事情变得形象化、具体化，使听众从普通的视角对演讲者的观点产生深刻的理解。幽默的语言，令演讲变得通俗易懂。对于自己能够理解的事物和语言，听众自然是乐于接受，并能更好地接受的。恰当地渗透幽默，不仅能给听众带去身心上的愉悦，而且能更好地传递自己的观点，对于演讲者来说，可谓两全其美，何乐而不为呢？

会心一笑

一家快餐店的门口挂着一条横幅，上面写着：假如我们做不出您点的三明治，那就付您10元钱。

一位女士看到之后，就到店里点了一份"象耳三明治"。几分钟后，服务员走到这位女士面前，对她说："小姐，这是付您的10元钱，我们做不出来。"

"我早就知道会是这种结果。"女士说，"你们到哪里找象耳朵去？"

"那倒容易解决，"服务员说，"只是我们的面包卖光了。"

在很多场合，我们都有可能需要进行即兴演讲，在没有任何准备的情况下，如何才能迅速吸引众人的注意力，说出让众人感觉舒心的话语呢？运用幽默，能够让你从人群中脱颖而出。

即兴的幽默，助你力压群雄

演讲的方式可谓多种多样，有命题演讲、学术演讲、辩论演讲、即兴演讲等等。在诸多的演讲方式中，即兴演讲是最常见，也是最难的一种。

在即兴演讲之前，演讲者通常并不知道需要演讲，所以往往没有做什么准备。这种演讲，是临场而发或是因事而发，又或者是触景生情，等等。无论在何种情况下，有一点是相同的，那就是事情发生得十分突然，给演讲者留下的思考时间并不十分充裕。

面对即兴演讲，缺乏沟通技巧、不善言谈的人通常十分恐惧，说起话来总是磕磕绊绊，无法清晰地表达自己的观点。一个会说话的人，则会用幽默的方式来应对各种情况，让听众接受自己。

在生活中，需要即兴演讲的场合非常多，公司聚会、朋友生日、节日宴会等，都有可能需要我们上台一展演讲的能力。如果你能在最短的时间内幽默一番，借此抓住听众的心，就会更有利于你展开后续的演讲，轻而易举地赢得听众的喜爱和尊重。

马季是中国十分著名的相声表演艺术家，虽然已经去世多年，但是其生前创作和表演的作品，至今仍为人们所津津乐道。

有一次，马季到湖北省黄石市参加演出。在他准备登台表演的时候，一位演员出现了口误，将"黄石市"说成了"黄石县"，这引得现场的观众哄堂大笑起来。

在众人的哄笑声中，马季走上了舞台，说："今天，我们有幸来到黄石省为大家表演相声……"

众人一听，有些丈二和尚摸不着头脑，大家窃窃私语，议论演员为何连续出错。这时，马季笑着继续说："刚才，我们有位演员把黄石市说成了黄石县，降了一级，我在这里自然要说成黄石省，给提上一级。这样一降一提，正好就平啦！"

马季的话说完之后，台下响起了经久不息的掌声。

在之前的演员出现口误，引得观众窃窃私语的情况下，马季即兴发挥，用幽默的话语控制住了局面，不仅为那位演员圆了场，而且使自己的演出能够顺利地进行下去，更为观众们带来了欢声笑语。从这个案例中，就可看出即兴幽默的重要作用。马季之所以被称为相声表演艺术家、相声大师，和他善于即兴运用幽默是分不开的。

即兴幽默的能力并非一朝一夕就能得到，也并非偶尔灵光一现就能令听众如痴如醉，而是需要在各种场合实践和历练，经过长期的积累和总结之后，才能在最恰当的时候发挥出最幽默的效果。

英国前首相迪思雷利进行完一场演讲之后，有个年轻人走到他的面前向他表示祝贺："您刚才的即兴演讲真是太精彩了！"

迪思雷利笑着回应说："年轻人，为了这场即兴演讲，我已经准备了20年！"

从迪思雷利的话中不难听出，所有的即兴演讲都不是随意而为的，不是想讲就能讲的，台上那短短的几分钟，是10年、20年，甚至几十年才积累出来的。

即兴演讲的难度确实相对较大，想要赢得听众的认可更是难上加难，这也是很多人对其避之唯恐不及的原因之一。这并不是说即兴演讲无法取得良好的效果，无法说出让听众喜欢的话。试着在演讲中融入幽默元素，让听众开怀大笑，自然可以调动演讲现场的气氛，使得听众对演讲产生更多的好感和期盼。

会心一笑

小张报名参加公司组织的新春晚会，节目是街舞。为了增加节目效果，他特意定制了一条印有"祝公司再创辉煌"几个大字的横幅，仔细叠好后放进了衣服口袋里。

新春晚会上，小张表演完街舞之后，顺势从口袋中掏出横幅展示给大家看。坐在前排的总经理立刻站起来带头鼓掌，于是主持人请他对小张的表演进行点评，总经理清了清嗓子道："小张的这个魔术表演得很好！只是前面的铺垫有些多了。"

一个优秀的演讲者，不仅能在演讲的过程中逗乐听众，为自己赢得掌声，还能以幽默的方式为自己的演讲收尾，给听众留下愉快的回忆，从而达到令人回味无穷的效果。

画龙点睛的幽默收尾，让演讲在笑声中结束

一场完美的演讲，就像一篇精彩绝伦的文章一样，不仅要有夺人眼球的开场白，还要有耐人寻味的结束语。

一场演讲结束之后，倘若听众觉得演讲有些虎头蛇尾，那么这场演讲就难言成功，演讲者也不会给听众留下深刻的印象。倘若一个演讲者在演讲结束时依然可以赢得听众的笑声，这不仅说明演讲者的演讲技巧十分纯熟，也标志着这场演讲终于能够画上完美的句号。

想要让听众对你的演讲念念不忘，那就总结出一个能够画龙点睛的幽默结尾，在笑声中结束演讲，一定会比平平淡淡地结束能产生更好的效果。

中国著名的作家老舍先生就是一位十分喜欢和善于幽默的人。一次，他到某地参加会议，在会上进行了一次演讲。演讲刚刚开始，老舍先生就十分认真地说："我今天要给大家谈6个问题。"接下来，老舍先生条分缕析地讲了5个

问题。此时，离会议结束已经没有多少时间，于是他故意提高调门，一本正经地说道："第六，散会！"正殷殷盼望着老舍先生讲说第六个问题的听众们一听，顿时全都愣住了。片刻之后，当大家都回过神之后，会场上响起了欢快的笑声。

老舍先生以看似突兀的方式结束自己的演讲，令人大呼意外的同时，更得到了身心的愉悦。这种审时度势的幽默，更显出老舍先生深厚的演讲功力及渊博的知识。这样的演讲结尾，不仅令听众回味悠长，而且彰显了老舍先生的人格魅力。

在某校的夏季运动会上，校长进行了一番长篇大论，使得台下的学生有些意兴阑珊、心不在焉。轮到裁判员代表上台发言时，他说："首先，能够作为裁判员代表上台发言，我非常荣幸。希望大家公平竞争，秉持'友谊第一，比赛第二'的理念，力争获取佳绩！"学生们听到"首先"这两个字，便觉得又是一段冗长的发言，因此心不甘、情不愿地鼓起掌来。看到大家的反应，裁判员代表十分平静地说："最后，我要预祝运动会圆满成功。好了，我的话讲完了。"裁判员代表以极快的速度结束了自己的发言。

台下的学生仿佛变成了木头人，思想在瞬间凝固了一般，没有任何反应。当裁判代表微笑着走下主席台时，台下才爆发出雷鸣般的掌声。

按照常理，从"首先"到"最后"，中间怎么也要有个"其次""再次"或者"第二""第三"之类的内容，可是裁判员代表偏偏剑走偏锋，最终获得了不同凡响的效果。

美国著名的演说家乔治·柯赫说过："当你说再见的时候，一定要让听众面带微笑。"借助幽默的语言，让听众在笑声中结束"听讲"，一定能让他们更加身心愉悦，更加喜欢演讲者。

会心一笑

某学校的毕业典礼上，校长正坐在主席台上准备开始自己的演讲。

面对台下的数百名学生，校长小心翼翼地展开自己的演讲稿，神色庄严地说："同学们，今天……"

校长刚刚说到这里，突然刮起一阵大风。校长没有防备，他的演讲稿一下子被吹得散落一地。

校长并没有慌乱，而是镇定自若地说："今天我想说的就这么多，谢谢大家！"

许多被人忽视的小细节，往往能够反映一个人的幽默程度。你是否关注过生活中的一些小细节？是否能随时随地地展现自己的幽默细胞？完成下面的测试题，你将对自己有新的认识。

题目

根据实际情况，对下面各题如实做出判断。选项分别有：完全不同意、比较不同意、稍微不同意、中立、稍微同意、比较同意、完全同意。

1. 由于我的幽默感对公司有十分积极的影响力，所以老板对我非常赏识。

2. 在我的同事、家人眼中，幽默感是我最主要的优点之一。

3. 在通常情况下，只有和熟识的朋友私下闲聊时，我才偶尔开一些讥讽的玩笑。

4. 对于自己犯下的错误，我能以自嘲的方式面对，而且不介意别人将它当作笑料。

5. 当我感觉一些事情非常搞笑时，即使孤身一人，我也会放声大笑。

6. 在逛街买东西时，听到别人说笑话，我会自然地和他们一起大笑。

7. 对于卡通、漫画、喜剧等搞笑的艺术形式，我非常感兴趣。

8. 看到逗乐的故事和文章，我会认真地记录下来。

9. 遭遇困难和挫折时，我的幽默感可以帮助我重振士气。

10. 我能持续不断地探寻生命中有趣的一面，并与他人分享。

11. 看到有意思的故事、漫画，我会把它们寄给我的朋友、同事和客户看。

12. 我的幽默感让别人很难对我发脾气。

13. 为了提高工作时的沟通效率，我常常采用说笑话的方式。

14. 有的时候，我会毫无征兆地做出一些可笑的事情。

15. 与同事一起狂笑不止，我没有丝毫的不自在。

16. 我常常运用幽默感提醒自己、别人，记住一些重要的事。

计分方法

完全不同意，1分；比较不同意，2分；稍微不同意，3分；中立，4分；稍微同意，5分；比较同意，6分；完全同意，7分。

最后，将各题的所得分数相加，统计总分即可。

测试结果解析

低于45分：你的幽默细胞不足，幽默感近乎为零，或许只有通过"幽默移植"的手术，才能让你变得幽默起来。

45~70分：你的幽默水平亟待提高，只有通过较大程度的调整，多学多用，不断总结，才能了解幽默的精髓，让自己变成掌控幽默的人。

70~90分：你的幽默水平还算不错，只要对一些细节多加关注，做出一些细微的调整，就能轻松地走上幽默感的大道。

90~99分：你是一个幽默感十足的人，你的一言一行、一举一动，都能给身边的人带来快乐，你就是大家眼中的开心果。

100~112分：能够得到这样的分数，实在让人大跌眼镜。如果不是没有认真答题，或是计算有误，那你就是一个幽默天才。

第六章

友谊之花，在幽默的滋润下能常开不败

能够称为朋友的人，必定彼此了解，互相体谅，而且经过了很长时间的考验和磨砺，但是，想要维系来之不易的友谊，仅有这些并不够。友谊的维系，是一个长期而系统的工作，需要双方为彼此付出时间、精力、感情等等。朋友之间的情谊，不单单需要真心的灌溉、时间的培养，同样需要幽默的滋润，这样友谊之花才能常开不败。

充满幽默感的人，往往更受人们欢迎，因为他们的幽默细胞能为人们带来更多的快乐，与这种人相处，生活总是充满欢笑，烦心事总会被笑声代替。

说话笑料不断，人人都争着和你做朋友

俗话说得好："多个朋友多条路。"多一个朋友，就多了一个解决问题的可能。当我们需要帮助的时候，朋友越多，得到帮助的可能性越大。

不可否认，任何人结交朋友，都有一定的私心，都想结交那些对自己有益处、有帮助的朋友。如果我们没有成为别人的朋友，那就说明我们不具备吸引别人的特质。想要成为一个受欢迎的人，想要拥有众多的朋友，我们就应该从自身入手，努力提高自己。

在我们结交朋友的时候，是不是也想拥有一些"开心果"朋友？当我们不开心、情绪低落的时候，他们可以安慰我们，帮我们迅速走出低谷，让我们看到生命中的阳光。将心比心，别人一定也想拥有这样的朋友。所以说，想要结交更多的朋友，懂得幽默是一条非常重要甚至是不可或缺的标准。

在一辆拥挤的公交车上，乘客们一个紧贴一个地站着，大家相互贴着对方，都感到很不舒服。但是上班高峰期通常都是这种情况，大家也已经习以为

常，所以都在默默忍受。这时，一个小伙子挤得实在难受，于是大声说："我说，各位，麻烦大家都吸一口气，这样能缩小一些体积，我实在是挤得受不了了，都快变成照片了。"乘客们听到这句话，全都不由自主地笑了起来。

没过多久，乘客们开始聊起天来，彼此之间的距离仿佛拉近了很多，那个小伙子理所当然地成了焦点。尽管车厢里还是拥挤如常，大家的心中却没有了之前的焦躁和不安。

小伙子善意的玩笑，迅速拉近了乘客们之间的距离。在这种情况下，不仅小伙子身边的人愿意和他交谈，希望和他成为朋友，而且所有的乘客也都和身边的人变得熟悉起来，这为交朋友创造了条件。

小仲马是法国十分著名的作家，一次他应朋友邀请去看演出，观看的过程中他总是回头看后面的人，而且嘴里不断地数着数。

他的朋友感觉十分诧异，便问小仲马在干什么。小仲马笑着说："我在帮你数有多少人在睡觉。"

后来，小仲马创作的《茶花女》进行公演，他的那位朋友前来观看。在观看的过程中，那位朋友也不断回头去数睡觉的人。朋友好不容易找到一个，便让小仲马看。小仲马看过之后，对朋友说："你不认识他了吗？他是上次看你的戏剧时睡着的，到现在还没睡醒呢！"

听了小仲马的话，朋友哈哈大笑起来。

小仲马之所以拥有众多朋友，和他的幽默感是分不开的。他和朋友的玩笑是真诚而充满善意的，朋友能够从中感受到小仲马对友谊的珍视，所以更加愿意和他成为朋友。

朋友之间的交往，有功利的因素存在，可是如何淡化功利，强化友谊，却是一门颇有难度的技术活。在交往时，多在讲话中增加一些笑料，往往可以吸引朋友的注意力，增强他们对我们的兴趣。不仅如此，笑声还能够表达真诚的心意，能够让人从中感受到浓浓的善意，所以说，讲话幽默的人，往往更受人们欢迎，人们更喜欢和这样的人做朋友。

会心一笑

一天，甲乙两人聊天。

甲问乙："世界上最痛苦的事情是什么？"

乙答："挤公交车。"

甲又问："比挤公交车更痛苦的事情呢？"

乙答："天天挤公交车。"

甲还问："比天天挤公交车更痛苦的事情是什么呢？"

乙大吼："挤完公交车还要挤地铁！！"

每个人都有自己的内心世界，都想保护自己的隐私。当隐私受到别人嘲笑时，人们的内心是崩溃的。作为朋友，倘若可以在此时出手相助，那么友谊之花必定会越开越艳。

瞒天过海，笑着保护朋友的隐私

朋友之间的交往，贵在以诚相待，而且要互相尊重、理解、关心和帮助。那些懂得尊重、关心朋友的人，才能得到朋友的尊重和关心。

很多人认为，朋友之间可以无话不说、无话不谈，谈论任何话题都不为过。事实果真如此吗？当然不是！朋友之间的玩笑，在一定范围内可以增进友谊；如果以朋友的隐私作为笑料，那么友谊之舟顷刻间便会翻覆。作为朋友，我们不仅不该以朋友的隐私作乐，还应该时刻注意保护朋友的隐私。

皮特、卡特及威廉姆斯是三位要好的朋友，三个人从小一起长大，总是形影不离，所以对彼此的经历和糗事都十分熟悉。

一天，三个人及另外几个朋友约好一起吃饭。席间，大家都喝了一些酒，皮特一时兴起，开始说起威廉姆斯初中时追求女生的种种糗事："那个时候啊，威廉姆斯脸上长满了雀斑，个子也不太高，所以没有女生看得上他，他辛辛苦苦追求了好几个，可是都失败了，为了这事，威廉姆斯可是没少哭过……"

皮特的话还没说完，威廉姆斯的脸已经涨得通红，似乎立刻就要爆发了。卡特看到这一幕，立刻制止了皮特，面带微笑地说："我说皮特，你小子也太坏了，总是用同样的故事来消遣大家，上次的主角是我，这次是威廉姆斯，下次该是谁了？我看啊，你的这个想法不错，不如你写个剧本出来，说不定能一炮而红呢！"说完，卡特带头哈哈大笑起来。

皮特意识到自己失言了，于是也跟着笑了起来，说："我也觉得这个故事不错，等下次把主角换成你们中的一个啊！"他边说边把手指向了另外几个朋友。

那几个朋友听了皮特的话，赶忙摆手道："算了，你还是把自己写成主角吧！还是觉得你比较适合悲惨的经历。"

在座的人都笑成一团，皮特终于放松了下来。

在皮特无意间暴露威廉姆斯隐私的时候，卡特及时进行遮掩，以玩笑的方式瞒过了另外几个朋友，帮威廉姆斯保住了颜面。卡特用自己的幽默，不仅保住了威廉姆斯和皮特的友谊，还使得两个朋友都对他产生了更加浓厚的友情。

与朋友相处时，要做到真心实意，处处为朋友着想。所谓"己所不欲，勿施于人"，既然我们自己都不愿被人提及隐私，那么也不应该将朋友的隐私暴露在外。在朋友的隐私面临暴露的危险时，我们应该想方设法地帮其隐藏。在各种方法中，幽默是最好的方法之一，巧妙地运用幽默，可以不着痕迹地隐瞒隐私，让朋友从心底产生欣慰和感激。

会心一笑

丈夫"唉"的一声重重地叹了口气，妻子好像没有听到似的，没有任何反应。

于是，丈夫加大音调，又重重地叹了口气，可是妻子依然没有丝毫反应。

丈夫无奈地说："我都唉声叹气一整天了，你竟然连问都不问一下？"

妻子回应道："除了你的钱包，我实在不想过多干涉你的隐私！"

由于对事物的认知、为人处世的方式等有所不同，朋友之间难免会产生误会。这些误会的存在会对友情的延续产生不利影响，以幽默的方式化解误会，能在笑声中加深朋友之间的友情。

产生误会，幽默助你挽回友情

与朋友交往是一个长期的过程，在这漫长的过程中，难免会有误会出现，毕竟人们的思维方式、做事方法等都有一定的差异。既然误会难以避免，那么我们就应该在防范误会发生的同时，更加注重掌握化解误会的手段和方法。

想要化解误会，运用幽默的态度和语言是极佳的方法之一。首先要以谅解和开放的态度对待误会，并积极地探寻产生误会的根源，无论根源在于自己还是在于朋友，都要坦诚地进行沟通，相互交流一下感情，了解彼此的真实想法。

无论我们的朋友是何种性格特点，幽默的语言都是极为有效的撒手锏。与外向活泼的朋友开开玩笑，能让谈话氛围变得更加热烈；与内向沉默的朋友聊聊趣事，能让朋友迅速打开心扉……双方交谈得越深入，误会被解开的可能性就越大。

大学新生报到的第一天，8名大一新生住进了同一间宿舍。8个人分别自报家门之后，有人提议各自起个外号，既显得亲切，又能立刻分出大小顺序，也能体现各自的特点。于是，几个人商量着开始分别取外号，大家都感觉十分有趣。

轮到给年龄最小的同学也就是老八起外号时，却一时理不出头绪。正当几个人冥思苦想时，快人快语的老六随口说道："老八，你是咱们宿舍里年龄最小的，是我们几个的宝贝疙瘩，而且你又姓王，不然你就叫'王疙瘩'得了。"说完，老六颇为得意地看了看老八。

这一看不要紧，老六发现老八的脸上阴云密布。原来，老八的脸上长满了青春痘，看上去极不美观，他正为这满脸的疙瘩发愁，老六却用"疙瘩"给他起了个外号，这正好戳中了他的痛处，脸色自然不好看。

老六发现这个问题之后，心中后悔不迭，他的大脑飞速旋转，想到了化解误会的好办法。他不动声色地拿起一面镜子，边照边说："看看我这满脸的疙瘩，真是太丑了。唉，人家老八是宝贝疙瘩，我这是真真正正的青春痘啊！"

另外几个同学听了老六的话，全都哈哈大笑起来。就这样，老六用自己的幽默，将即将爆发的误会扼杀在了萌芽之中。

老六在无意中伤害了老八，因而引发了一场危机。在关键时刻，老六并没有慌乱，而是用自己的机智和幽默化解了老八对自己的误会，从中可以看到幽默的巨大魅力。

在日常生活或是工作中，我们或多或少地会在不经意间伤害到朋友，或许很多我们不曾在意的细节，恰恰触及了朋友的底线，使得朋友心生不满，而我们自己却浑然不觉。与朋友相处时，如果觉得朋友突然变了态度，或是因为某句话而大发雷霆，千万不要急着与其争吵，因为这多半是误会在作祟。平心静气地和对方深入交流一下，用自己的幽默努力打动对方，当对方脸上现出笑容的时候，误会就已经轻松化解了。

会心一笑

一次地理考试，全班成绩都不好。

地理老师非常生气，训斥学生："填空题那40分简直就是白送的，竟然有人只得了10分、20分！凡是得到10~20分的同学，把卷子抄5遍！"

听老师说完，同桌长出了一口气："真险啊，我得了21分。"

话音刚落，只听后座的一位同学也庆幸地说："我也好险啊，我得了9分。"

朋友之间，交往越多、越融洽，彼此之间的关系就越好。想要友谊之树常青，我们必须想方设法地多加滋润。时常开开玩笑，便能在幽默中获得更为牢靠的友情。

开开小玩笑，拉近朋友之间的关系

友情不像爱情那样缠绵和飘忽不定，也不像亲情那样平实和密切，它是一个人必须具有的感情之一，是一种十分美妙的缘分。如果人生缺少了友情，生命就会失去许多绚烂的色彩。

友情让我们的生活变得更加丰富多彩，它告诉我们朋友对于我们的重要性。和朋友相处，一定要多多联络，而且要以幽默的方式进行沟通，这样会让友情在笑声中变得更加牢靠，我们和朋友的关系也会变得更加亲密和融洽。

张强和李亮是大学同学，彼此认识了十多年，两个人的关系十分亲密。

张强喜欢游泳，李亮对此并不擅长。但是每次张强邀请李亮去游泳，李亮都毫不犹豫地答应下来，而且总是开玩笑地说："反正闲着也是闲着，去游游泳也好，不仅锻炼身体，还能免费洗澡。"因为不擅长，所以难免灌上几口水，可是李亮并不在意，每次都自嘲说："游泳池里的水实在不好喝，我真不想再喝了。关键在于，我要是再这样喝下去，管理员该来找我了，多几个像我这样的人，估计他们的水费得多支出不少。"

听了李亮的话，张强受到触动，他被李亮的幽默感染，更被李亮珍视友情的表现打动，从此他将李亮视作最好的朋友。

面对并不擅长的事情，李亮全心投入，即便因此遭罪，也愿意陪伴张强，更重要的是，面对张强，李亮总能表现得很幽默，用自己的乐观态度为朋友带去快乐。

一次，著名作家冯骥才出访美国，一个朋友带着孩子去看望他。冯骥才和朋友说话的时候，朋友的孩子在床上蹦来蹦去，本就不结实的床看起来摇摇晃晃。冯骥才很想让孩子下来，但是又不好明说，于是他笑着对朋友说："请您让孩子回到地球上来吧！"那位朋友听懂了冯骥才的意思，他也没有责怪孩子，而是跟着冯骥才的思路，同样以幽默的方式回应道："好吧，我跟孩子商量一下！"

好动是孩子的天性，如果冯骥才直接冲孩子喊话，让他从床上下来，就会让孩子觉得不快，也会让朋友脸上无光，更重要的是，朋友或许会因此而认为冯骥才不欢迎自己。在这种情况下，冯骥才选择以幽默的方式来处理问题，朋友心领神会，也以幽默回应冯骥才，在笑声中，两个人的关系不仅没受影响，还变得更加稳固。

罗斯福在当选美国总统之前，曾在海军担任要职。一天，他的一位朋友向他打探海军建立核潜艇秘密基地的计划。

罗斯福四下张望了一下，压低嗓门对朋友说：你能保守秘密吗？

朋友拍着胸脯说："当然能了！"

罗斯福笑着说："我也能保守秘密。"

建立核潜艇基地的计划是军事机密，罗斯福当然不能告诉朋友。可是如果生硬地表示拒绝，朋友一定会继续纠缠。于是，罗斯福用幽默的语言回应朋友，巧妙地保守了秘密。

与朋友相处，用心十分重要，友情并不会恒久不变，它也需要认真地经营。和朋友交往时，想让朋友得到快乐，想要友情更加深厚，幽默是非常好的手段之一。

会心一笑

孩子："爸爸，小明的爸爸游泳游得棒极了，您为什么不会游呢？"

爸爸："小明的爸爸经常吃鱼，因此游泳游得很棒，我平时根本不怎么吃鱼，当然不懂得怎么游好泳了。"

孩子："那么，爸爸，您平时那么爱吃鸡，不知道您会不会下蛋？"

爸爸听完，顿时哑口无言。

人生从来不会一帆风顺，朋友总会遇到烦心的事情，当朋友需要振奋精神的时候，幽默就像一缕轻风，能帮朋友拂去心头的阴霾，使朋友以乐观的心态迎接未来的生活。

幽默如轻风，吹散朋友心头的阴霾

人活一世，不仅仅有幸福和快乐，糟糕的经历也是生命的重要组成部分。面对不快的事情，人的心情自然会布满阴云，出于对朋友的关心和支持，很多人会在这种时刻挺身而出，变成朋友的坚强后盾。

然而，许多人安慰朋友的效果并不是很好，这是因为我们安慰的方式并不十分恰当。比如说，很多人在安慰朋友的时候，通常只是默默地听着朋友倾诉，觉得朋友倾诉出来心情就好了。这样想固然有一定的道理，但是一味地让朋友倾诉，朋友就会一直沉浸在悲伤的情绪中，回忆起那些让人不快的经历，朋友的心情只会越发沉重。正确的做法应该是，以幽默的方式博得朋友一笑，令其尽快摆脱阴霾，以积极的心态面对一切。

凯莉和玛丽是非常要好的朋友，两个人住得很近，一起上小学、初中、高中，直至大学。毕业之后，两个人选择各自喜欢的公司前去应聘，这才结束了朝夕相处的日子。但是，两个人的友情并没有因为分开而变淡。到了周末或是假期，两个人还是会相约出去，逛街、旅行……

一天，凯莉想约玛丽一起出去走走，可是到了玛丽家才发现，玛丽有些闷闷不乐。看到朋友这样，凯莉也感觉很难受，于是和玛丽聊起天来，希望开导一下玛丽。

两个人聊了一会儿，凯莉才知道玛丽心情不好的缘由。原来，由于玛丽的失误，公司的一项业务受到了影响，经理十分生气，严肃地批评了玛丽："你看看你干的这点事！还大学毕业呢，这么个简单的数据，连初中生都能算得对！"玛丽对公司的业务不太熟悉，出现纰漏确实应该受到批评，她自己也在责怪自己，可是经理说的话实在太伤人了，玛丽接受不了这样的评价。

听完玛丽的陈述之后，凯莉笑了起来，说："你们经理说你不如初中生，那可比我强多了！你是不知道，前几天我们经理说我还不如小学生呢！你知道我怎么想的？我想啊，'现在的小学生太厉害了，好多数学题我还真算不出来了，改天真得找个小学生求教一下呢！'"

听了凯莉的话，玛丽的心情好了很多，她想明白了，自己确实有很多不足之处，还需要进一步加强学习。

凯莉用幽默的方式来安慰闷闷不乐的玛丽，取得了非常好的效果。这种对比式的幽默，将自己放在了更低一级的位置上，刻意夸大了滑稽性，使得玛丽从心底里发出了笑声。

董朝佳的朋友失恋了，心情不佳，每天都躺在床上长吁短叹，什么都不想干。朋友的家人试着努力劝解，可是全都无功而返。

一天，董朝佳去看望朋友，他走到朋友的床边，伸手拍了拍朋友的肩膀，说："嗨，哥们儿，别再长吁短叹的了，赶紧下床吧！难道失恋的滋味那么令人陶醉？你整天不吃不喝，光靠品味它就能生存下去？"

朋友听了董朝佳的话，会心地笑了。

朋友比谁都清楚失恋的滋味是苦楚的，董朝佳却说失恋的滋味令人陶醉，以至于朋友不吃不喝都能生存，这种极大的矛盾反衬出朋友的做法是可笑的，令朋友在笑声中认识到了自己的错误。董朝佳没有像朋友的家人那样苦口婆心地劝解，也没跟朋友说什么大道理，而是用幽默的语言达到了劝解的目的。

与朋友相处时，当你发现朋友情绪不高时，千万不要试图直接问出原因，因为每个人都想保护自己的隐私，尤其是一些不好的事情，人们更加不愿主动透露。面对这种情况，我们可以通过聊天的方式逐步深入，先了解前因后果，再有的放矢地进行开导，通过恰当的幽默手段，说出一些让朋友感觉舒心和快乐的话语，这样朋友就能从阴郁的心情中走出来。有了这样的良好感受，我们和朋友之间的友谊必然会越来越稳固。

会心一笑

小李："主任，您对批评不会很介意吧？"

主任："当然。不仅不介意，反而很愿意听。"

小李："没错，听一些客观而真诚的批评还是有很多好处的……"

主任："对，更重要的是我很想知道究竟是谁对我有意见。"

幽默测试

对于很多人来说，他们并不是不幽默，只是没有展现自己的幽默而已。你对自己有何种认知呢？你觉得自己是个呆板严肃的人，还是个幽默搞笑的人？做完下面这个测试，你就能找到其中的答案了。

题目

根据自己的实际情况，对下面的问题做出回答。答案只能在"是""不知道"或"不是"之中选择即可。

1. 你喜欢阅读笑话书？

2. 你喜欢搞笑类的影视剧？

3. 观看描写艰苦生活的老电影时，你会发笑？

4. 你会讲一些段子，逗人发笑？

5. 一般情况下，你很少感觉局促不安？

6. 相较于惊悚片，你更喜欢看喜剧片？

7. 对于别人的恶作剧，你会感觉好笑？

8. 你曾经喝得酩酊大醉？

9. 参加聚会的时候，你会设计怪异的发型，穿古怪的衣服？

10. 遭遇逆境，你会嘻笑以对？

11. 你希望自己成为一名喜剧明星？

12. 在某些情况下，你会自嘲？

13. 你在春风得意时栽过跟头？

14. 你每天至少会开怀大笑一次？

15. 看到马戏团的小丑，你觉得他们很可笑？

16. 即便是以前听过的笑话，你也会觉得好笑？

17. 你会时不时地搞些恶作剧？

18. 在别人拿你开玩笑时，你会跟着笑？

19. 被淋成落汤鸡的时候，你会不由自主地笑？

20. 参观艺术展览时，如果看到裸体雕像，你会面露微笑？

21. 看到有人踩在香蕉皮上摔倒，你会忍不住笑出来？

22. 你经常性地放声大笑？

23. 在工作中，你会和同事开玩笑？

24. 有些时候，你可以让身边的人发笑？

25. 对于笑话，你能轻松地理解它的含义？

計分方法

    每道题目回答"是"计2分，回答"不知道"计1分，回答"不是"计0分。然后将所有题目的得分相加，统计总分即可。

测试结果解析

    低于17分：看起来你是一个非常严肃的人，很少关注事物有趣的一面。或许你会觉得有些人总是无缘无故地笑出声来，其实看到某些让你觉得好笑的事情，你同样会不由自主地笑起来。每个人的笑点是不同的，对于幽默的定义也有所不同，你应该试着去理解别人的想法。

    18～35分：看起来你的幽默感十分平衡，既可以看到事物幽默的一面，又能恰当地理解某些幽默给人带来的伤害。如果有让你觉得可笑的事物，你会不加掩饰地笑出来，但是并不是所有的笑料都能让你发笑，因为你的幽默具有一定的选择性，只有那些符合你的标准的事物，才能让你开怀大笑。

36～50分：对于幽默感，你有非常热烈的追求意愿，这说明你的生活状态是非常积极和健康的。尽管并不是所有的事情都能让你发笑，可是能拨动你的笑神经的事物并不在少数。

你的生活态度和对幽默的追求，使得身边的人对你充满了好感，这会让你拥有更多的朋友。

第七章

幽默表达，浪漫爱情不冷场

许多人都向往美好的爱情，然而它总是可遇而不可求，所以并不是每个人都能得偿所愿。当心仪的对象出现，爱情的火花骤然迸发时，我们一定要抓住那来之不易的感觉和机会，用幽默的语言表达自己的爱恋之情，借此对对方发起浪漫的攻势，以求赢得对方的好感，顺利搭上令人向往的爱情之船，并推动双方的爱情变得更加甜蜜和牢靠。

> 对于自己喜欢的人，每个人都有不同的表达爱意的方式。想要迅速打动对方，赢得对方的好感，不妨尝试着运用幽默，这是一种事半功倍的良策。

幽默的语言，让喜欢的人更容易心动

向喜欢的人表明心迹，既没有现成的套话可用，也没有固定的模式可循。由于每个人都是与众不同的个体，想要说出让对方欣然接受的话语，只能根据不同的对象进行不同的表达，如果非要生搬硬套，反而会起到消极的作用。

尽管没有固定模式可循，但是无论我们喜欢的人具有怎样的性格和特点，幽默都是一件极具杀伤力的武器，这一点毋庸置疑。在向对方表白的时候，我们完全可以表现自己幽默的一面，既可以博得对方一笑，又能给对方留下美好的印象，更容易打动对方。

伟大的政治家和革命家马克思，很早便与燕妮相识，两个人彼此互有好感，只是双方都没有向对方表明心迹。

一天，马克思和燕妮相约黄昏时在河畔相见。马克思决定利用这个机会向燕妮示爱，捅破隔在两个人之间的那层窗户纸。

黄昏时分，两人在河畔的草坪上如约相见。马克思对燕妮说："燕妮，我想告诉你一件事。我爱上了一个人，很想向她求爱，可是又不知道她会不会同意。"

燕妮十分激动地问："是吗？她是谁？"

马克思说："我这里有一张她的画像，你想看一下吗？"

燕妮有些紧张地点了点头。于是，马克思拿出一个颇为精美的小木匣递给了燕妮。

燕妮接过木匣，颤抖着将它打开，可是，里面并没有马克思所说的画像，只有一面小镜子，镜子里正好映出燕妮那红彤彤的美丽脸庞。

燕妮一下子明白了马克思的想法，她满脸笑意地接受了马克思的求爱，两个人从此开始了幸福而快乐的生活，而且一过就是一辈子。

马克思幽默地向燕妮表达了爱意，这让燕妮幸福不已。俩人之间的朦胧爱意就此变得真实起来，他们的关系也变得更加亲密了。

爱情是甜蜜的，也是微妙的，一个细小的举动往往能够决定求爱的成败与否。想要赢得爱情，让喜欢的人怦然心动，就要努力用幽默的方式去表达自己的爱意，因为这种方式极具实用性，能够最大限度地帮助我们得到我们想要的结果。

在爱情中，笑声和快乐绝对必不可少。毕竟，任何人都喜欢笑声，都希望自己是一个快乐的人。能够让喜欢的人发笑，就能从根本上赢得对方的好感，让对方从心底里愿意接纳你。有了这样的基础，爱情的种子便能生根发芽，进而变得枝繁叶茂、繁花似锦，最终一定可以结出甜蜜的爱情果实。

会心一笑

李强和女朋友一起到超市买东西，女朋友非要买辣条吃。

李强觉得辣条是垃圾食品，于是极力反对。女朋友不依不饶，胡搅蛮缠，李强心生不悦，便抓住女朋友的肩膀说："你仔细看看，我的眼里有杀气吗？"

售货员听到李强的话，连忙提醒道："沙琪玛啊，沙琪玛在您背后的那排货架上。"

无论一个人的身份、地位如何，都会
对爱情充满渴望，都有向喜爱的人表达的
意愿，我们应该充分尊重这份权利，在不
伤害对方的前提下予以拒绝。

求爱权利要尊重，不愿接受请幽默拒绝

对于爱情，每个人都有自己的选择标准，当别人向你表白时，你有接受的权利，同样有拒绝的权利。或许对方与你的期望不符，或许对方的表现不能让你满意，或许是其他的一些原因，让你选择拒绝对方，这都无可厚非。你需要知道的是，在爱情面前，每个人都是平等的，每个人都渴望爱情，都希望得到喜欢的人的垂青，这种情感的表达是任何一个人都具有的基本权利，你应该尊重这种权利，即使不想接受也要幽默地拒绝，而不是用冷冰冰的面孔和语言去伤害对方。

萧伯纳是一位十分著名的语言大师，由于名声在外，时常受到一些女性的欣赏和喜爱。

一位著名的女舞蹈家看过萧伯纳的作品之后，顿时对他生出倾慕之情，于是给萧伯纳写了一封热情洋溢的信。信中说："亲爱的萧伯纳先生，假如我们两个可以结为夫妻，那对后代和优生学都将大有益处。试想一下，将来我们俩的

孩子拥有像你一样的智慧和像我一样的容貌，那是多么完美的事情啊！"

萧伯纳对舞蹈家没有丝毫感情，也没被她的语言打动，他十分清楚应该拒绝这份感情，于是很快给舞蹈家回信，说："有一点你应该明白，一切皆有可能，万一那个孩子拥有我这样的容貌和你那样的智慧，那就糟糕透顶了！"

萧伯纳如果直接无情地回绝舞蹈家，难免会让这位著名人士觉得脸上无光，甚至会对萧伯纳产生反感。萧伯纳运用幽默的方式，不仅表明了自己的拒绝之意，也让舞蹈家保住了面子，这种让人感觉舒服的拒绝，能减轻舞蹈家受到的伤害，更能体现萧伯纳的人格魅力。

许多文人墨客都是异性的追求对象，美国作家杰克·伦敦就是其中之一。

一次，杰克·伦敦应邀参加讲座。讲座的过程中，他引起了一位贵族小姐的注意。那位小姐给他写了一封求爱信，信中说："亲爱的杰克·伦敦，你的美好名声加上我的尊贵地位，再乘无所不能的黄金，足够我们建立起一个天堂都无法比拟的幸福家庭。"

杰克·伦敦不为所动，回信说："在我看来，你所列出的爱情公式，只有开平方才有真正的意义，而我们两个人的心，恰恰是开出来的平方根，令人遗憾的是，平方根的数值却是负数。"

面对贵族小姐的追求，杰克·伦敦选择幽默地拒绝，言辞恰当，态度坚决果断，彻底斩断了她的念头，同时保住了她的颜面。这种方式无疑会使贵族小姐更加乐于接受，也更能体现杰克·伦敦的良好修养。

面对他人的追求，拒绝往往比接受更加难以处理，尤其在面对狂热的追求者时，拒绝的方式更是一门深奥的学问。倘若以貌视、高傲、不屑一顾的态度拒绝，不仅会给求爱者造成极大的心理伤害，还体现出对求爱者极端的不尊重。如果用幽默的方式拒绝，则能在一定程度上减轻这种伤害，让对方在相对轻松的心态中接受被拒绝的事实。

从中不难看出，幽默地拒绝追求者，既不会让对方感觉难堪，又能轻松地达到自己的目的。这就是幽默的力量。

会心一笑

一次，林语堂乘坐轮船，闲来无事，便在甲板上踱步。忽然，他看到一个英国人正在认真地阅读一本书，于是凑上前去。

英国人见林语堂穿着粗布长衫，十分不屑，他把手中的英文书一扬，轻蔑地说："看什么看？你看得懂吗？"

林语堂慢声慢气地说："差不多吧，这书就是我写的啊！"

虽然"情人眼里出西施"，但是"西施"同样有自己的缺点，当你发现恋人的缺点时，不妨巧用幽默委婉地指出来，这样既为恋人保留了颜面，也能让恋人带着微笑去改变。

恋人有缺点，运用幽默巧指点

一对恋人，从相识到相知，再到牵手成为情侣，通常需要很长一段时间。相处的时间久了，难免会发现恋人身上的某些缺点，令人产生不完美的感觉。如果直接指出恋人的某一缺点，难免会伤害恋人的自尊，让其难以接受。如果能以幽默的方式指出恋人的缺点，那么对方便更加容易接受一些。这样不仅会让恋人改正缺点，也保护了来之不易的爱情。

杨林有些大男子主义，他费尽九牛二虎之力将漂亮的张丽追到手之后，总是十分得意，经常在朋友面前炫耀，对张丽吆五喝六，指使张丽做这做那。

一天，杨林的几个同事到家中做客。张丽做了一桌子菜，同事们都对她赞不绝口。正在大家把酒言欢之时，杨林发现烟抽完了。于是，他冲张丽晃了晃手中的空烟盒，示意张丽去买烟。

张丽明白杨林的意思，她故意说："亲爱的，你让我买烟，是不是应该给我一些钱呢？"

杨林看了张丽一眼，大声说："如果给钱，谁都能去买。不给你钱还能买来烟，那才能看出你的本事呢！"

张丽一直对杨林的大男子主义颇有微词，本想反驳几句，可是想到杨林的同事在场，为了照顾他的面子，便一言不发地出去了。

没过多长时间，张丽就回来了，她刚进门就把一个空烟盒递给了杨林。

杨林接过烟盒一看，顿时火冒三丈，大声质问："你给我一个空烟盒，让我们抽什么？"

张丽不急不恼，面带微笑地说："从有烟的烟盒里拿烟抽，那谁不会啊，能从空烟盒里拿出烟抽，那才是真本事！"

说完，张丽拿出另一盒烟分发给杨林的同事们抽。同事们看到这种情况，全都情不自禁地笑起来。

杨林本想在同事们面前展现自己的威风，没想到被张丽"以其人之道还治其人之身"。张丽的表现可谓恰到好处，既保住了杨林的面子，又让杨林深刻意识到自己的错误，避免了激烈冲突的发生。如果张丽直接反驳杨林，那么不仅俩人会激烈争吵，在场的同事们也会觉得十分尴尬，这对所有人来说都是一个非常不理想的结果。

一对年轻的恋人约会时，女孩总是迟到。一天，俩人又一次相约，女孩如往常一样迟迟未到，男孩心急如焚，但是又不好直接批评。可是这一次，女孩竟然迟到了一个多小时，而且当她姗姗来迟的时候，竟然没有一点愧疚的意思。

男孩觉得应该批评女孩一下了，于是幽默地说："大家都说'一日不见，如隔三秋'，可是我对你的想念，简直可以称得上'一日不见，如隔千秋'，如果你再晚来几分钟，恐怕我就要变成老头了。"

在约会的时候，有时恋人难免会因为某些原因而迟到。对于女孩子来说，让男孩子等她们好像更能显出自己的魅力；男孩子早早等待女孩子，则是一种绅士的表现。但是不管怎么说，习惯性的迟到对双方都是一种不尊重。当对方总是迟到时，可以通过幽默的方式进行提醒，而不是劈头盖脸地责备对方，这样才不会惹恼对方。

所谓"金无足赤，人无完人"，任何一个人都有缺点。对于自己的恋人，应该多一些包容，发现他们的缺点时，不必一味地求全责备，以幽默的方式指点、劝导对方，会比用其他的方式产生的效果更好。

会心一笑

科尔在网上认识了一个女网友，俩人相约在公园见面。

中午时分，科尔回来了，他的朋友问他："怎么样，科尔？约会成功了吗？"

"成功了一半。"科尔答道。

"那还不错啊，有希望。"朋友鼓励他说。

"事情并不是你想象的那样。"科尔无奈地笑笑。

"那是什么情况？"朋友追问。

"实际情况是我去了，但是她没去。"科尔摊摊手说。

爱情是美好的，能够令人感觉幸福和甜蜜，但是两个人相处久了，新鲜感肯定会有所减少，想要延长爱情的保鲜期，幽默是一种不可或缺的重要元素。

玩转幽默，延长爱情的保鲜期

爱情可以让人的生命焕发出别样的光彩，可以让人感受到无与伦比的甜蜜滋味。想让自己的爱人时刻感受到你的爱，仅仅给予物质方面的付出是远远不够的，还需要在精神方面让爱人感受到愉悦。

在精神享受方面，幽默无疑是极好的选择之一。对于热恋的情侣来说，时常说一些幽默的情话，能够增加彼此之间的感情，延长爱情的保鲜期。在爱情的不断滋润下，恋人才能过上愉悦而有情趣的生活。

最近一段时间，小丽发现自己的男朋友有些精神不振，做事情总是恍恍惚惚的，很想关心一下他。

"亲爱的，最近这段时间你好像有些心不在焉啊，是不是有什么事情让你分心了？"小丽关切地问男友。

"我哪有什么心可分的？你忘了？咱俩刚开始交往的时候，我就已经把心全都交给你了啊！"男友十分幽默地回答。

　　对于小丽的关心，男友自然十分感动，但是他并没有直接回答问题，而是将话锋一转，既表明了小丽在他心中的重要性，也巧妙地回答了小丽的问题，从而起到了一箭双雕的效果。

　　在恋人之间，甜蜜的情话必不可少，倘若能以幽默的方式来表达爱意，效果一定比平铺直叙的表白好千百倍。

　　一对恋人在餐厅吃饭，其间男士一直盯着女士看。

　　"你看什么呢？这么认真！"女士有些不好意思。

　　"看你啊！"男士坦率地回答。

　　"每次约会你都盯着我看，还没看烦啊？你就不能转移一下视线，看看周围的人？"女士面带笑意地说。

　　"看不烦，永远都看不烦。再说了，我也没看到周围有什么人啊！"男士狡黠地说。

　　"怎么可能呢？餐厅里有这么多人，你看不到吗？"女士觉得不可思议。

　　"看不到啊！想知道这是为什么吗？"男士反问女士。

　　"为什么呢？"女士好奇地问男士。

　　"因为我的眼里只有你啊！"男士乐呵呵地说。

　　女士听后，脸上露出了幸福的笑容。

　　在这段对话中，男士极尽表白之能事，引得女士心花怒放，令两人之间的爱情迅速升温。试想，如果男士始终以"我爱你"之类的语言表达爱意，那么难免会让女士觉得平淡无奇，难以引起她的兴趣。而幽默的语言则不同，它能给人带来新鲜感，让人感受到与众不同的爱。

　　每个人都希望拥有一段美好的爱情，都渴望自己的爱情能够像童话一般，得到最完满的结局。热恋之中的男女，更是希望美好的爱情能够长长久久，令人不快的情况最好不要出现。但是现实并非如此，两个人相处久了，难免会产生一些问题，感到些许乏味。"喜新厌旧"这个成语虽然带有贬义，却是每个人都有的心态，这是人们猎奇求新的心理使然。想要赢得爱情的长跑，紧紧抓住恋人的心，唯有想方设法地让恋人体会到源源不断的新鲜感。

　　只要懂得幽默，善用幽默，就能拨动恋人的幽默神经，进而与恋人合奏出一曲美妙的恋歌。在幽默的帮助和衬托下，恋人可以更轻松地徜徉在爱情的海洋之中，共同分享甜蜜的爱情。

会心一笑

　　一天，张磊到楼下的小餐厅吃饭。刚刚坐下，一名新来的服务员便走上前问："先生，您想吃点什么？"

　　张磊回答："给我来二斤包子。"

　　服务员又问："现在上还是等人来齐了再上？"

　　张磊毫不犹豫地说："现在上啊，就我自己，没有别人。"

　　服务员瞪大眼睛，说："就您一个人吃？"

　　张磊故作无奈地说："唉，你们城里的东西太贵了，我吃个半饱得了。"

恋人之间的相处，是一个长期的过程，难免发生“马勺碰锅沿”之类的问题，这都是正常现象。发生问题时，不必紧张和害怕，只要合理运用幽默，恋人的关系就能得到缓和。

恋人生摩擦，幽默出手缓关系

人们常说“相爱容易相处难”，这句话可谓真知灼见。恋人之间，当爱情火花迸发的时候，彼此情投意合，所有的事情都是美好的，然而真正朝夕相处之后，很多的摩擦和磕绊便会不可避免地发生。

如果任由摩擦和磕绊发展，那么问题就会逐渐放大，对恋人之间感情的影响自不必说，更有甚者还会导致恋人走向分手的境地。怎样巧妙而迅速地化解矛盾呢？幽默无疑是一种比较好的方式。当恋人中的某一方做了错事或是说了错话，引发恋人间的摩擦时，长篇大论的解释并不能纾解对方心中的不满，反而是简洁的幽默话语能起到良好的效果。

一对年轻的恋人相约逛街，女孩提前半个小时就到了约定地点等待，可是男孩迟到了半个小时。男孩看到女孩噘着嘴，便知道女孩非常生气。

男孩知道，此时要说堵车之类的原因，一定会让女孩更加不快。于是，他不紧不慢地对女孩说："亲爱的，对不起啊！我迟到了。但是迟到也算值得，因为我有了一个重大发现。"

女孩虽然很不高兴，但是好奇心还是促使她快快地问："什么发现啊？"

这时，男孩捧起女孩的脸说："我发现你嘟起嘴来更漂亮！"

说完，男孩在女孩脸上轻轻亲了一口。女孩的脸上顿时洋溢出幸福而快乐的笑容。

迟到的男孩自知犯错，但他并没有为自己寻找一大堆的借口和理由，而是幽默地赞扬了女孩一番，这让女孩的心情大为好转，自然而然地原谅了男孩。

亨利和玛丽已经谈了三年的恋爱，两个人朝夕相处，都有了结婚的念头。俩人一拍即合，很快就订下了婚期。装修房子、拍婚纱照、添置家具，两个人忙得不亦乐乎。

然而，或许是因为事情太多，两个人的神经都有一些紧张，因此情绪方面出现了一些问题。一天，两个人因为一件小事争得面红耳赤，甚至发展到互不搭理的地步。"冷战"持续了三天，亨利坐不住了，他率先采取了行动。

第四天早上起床之后，亨利一言不发地在屋子里找东西，他翻箱倒柜，四处搜寻，却始终没有找到想要找的东西。看着亨利把屋子里弄得乱七八糟，玛丽简直气不打一处来。她冲亨利喊："你到底找什么呢？看看你把屋子折腾成什么样了！"

听了玛丽的话，亨利哈哈大笑起来："亲爱的！我就在找你的这句话啊！终于让我给找到了。"

说完，亨利冲玛丽吐了吐舌头，显露出爱怜的神情。

玛丽这才明白亨利的用意，不由得微笑起来，并走到亨利身边，轻轻地捶打着亨利的肩膀，捶了几下之后，玛丽便将头靠在了亨利的肩膀上。两个人终于雨过天晴、和好如初了。

由此可见，幽默是打破爱情僵局的有力武器。亨利用自己的幽默，不仅化开了俩人之间的冰冷关系，还赢得了玛丽更多的爱。

恋爱中的男女，往往会被爱情的甜蜜所吸引，因此会犯下以偏概全的错误。很多人通常只看到爱情的美好，却不愿面对爱情的磕绊。出现问题的时候，有些人更愿意选择冷处理，希望时间能够抚平摩擦，让双方重新找到爱情的甜蜜。

实际上，爱情中的问题不能久置，一旦出现问题，就应该快速而果断地解决，这样才能避免问题扩大化。一旦矛盾激化，超出了双方的控制范围，再想解决就有心无力了。在摩擦刚刚出现的时候，便用幽默的方式进行化解，不但能够迅速弥补错误，还能为爱情升温，最终得到有情人终成眷属的美好结局。

会心一笑

一天，小皮特正翻看爸爸妈妈的结婚照，忽然像想起什么事情似的问他爸爸："爸爸，你什么时候和妈妈结婚的？"

爸爸笑着说："结婚都五年了。"

小皮特略显失望地说："你们结婚为什么不带着我？"

爸爸无奈地说："没法带着你呀！"

小皮特显得十分焦急，说："那你下次结婚的时候，一定要带上我啊！"

在恋爱的过程中，"吃醋"是再寻常不过的一种现象，而且不论男女，都有醋意大发的时候。如果能在"醋"中加入一些幽默元素，就能让恋爱的滋味变得酸酸甜甜，回味无穷。

爱人吃醋，幽默是最好的中和剂

人们常说，爱情是自私的。虽然有些人对此不以为然，但是很多事实都已经证明，人们对爱人的占有欲是非常强烈的。正是这种"自私"的占有欲，使得很多恋爱中的男女表现出极大的醋意，一旦自己的爱人与其他的异性有比较亲密的接触，立刻就会表现出极为不满的情绪。

在现实生活中，打翻醋坛子的情况十分普遍，而且有时醋意来得十分突然，甚至让人觉得莫名其妙，但是从本质上来说，吃醋其实是一种重视和在乎，体现了爱人的浓浓爱意。

赵强刚刚升任部门经理，心情十分舒畅。周末，他带着女友出去郊游，顺便排解一下巨大的工作压力。

郊游结束之后，俩人在返回途中到一个加油站加油。赵强感觉有些疲惫，于是让女友下车加油，自己则在车上休息。出人意料的是，女友似乎和加油站的站长很熟，两个人不仅相谈甚欢，临别时甚至还互相握手，这让赵强不由得醋意大发。

待女友回到车上之后，赵强酸溜溜地对她说："没想到你和站长挺有共同语言啊，俩人还挺能聊的！"

女友回应道："我们的共同语言可多了，因为我们是高中同学，上学的时候还互有好感呢！"说完，女友暗笑起来。

听到女友这样说，赵强的心里更不好受了，他不高兴地说："哼，要是你跟他在一起，你就不是经理的女朋友了，而是加油站站长的女朋友了！"

女友知道赵强在吃醋，于是故作认真地说："这一点你说得可不对，如果我选择和他在一起，那么当上部门经理的就会是他，而不是你了！"

"吃醋"并不是女人的专利，男人吃起醋来丝毫不逊色于女人，只是男人通常比较善于隐忍，不会直接表露醋意罢了。对于这种没有直接表现出来的醋意，可以借用幽默避其锋芒，巧妙地将醋意化解，这样既不会刺激对方，也可以让对方回归常态，以正常的思维看待问题。

一对恋人正处于热恋之中，两个人如胶似漆，终日如影随形。

女友很爱自己的男友，因此总怕男友被人抢去。一天，她十分认真地问男友："你老实跟我说，除了我，你是不是和别的女孩也有亲密接触？有没有别的女孩抚摸你的头发，触碰你的脸？"

男友十分淡然地说："这个啊，当然有了，昨天就有一个呢！"

女友非常愤怒，问："你跟我说清楚，那个女人是谁？"

男友笑着说："昨天给我理发的理发师啊！"

面对女友的诘责，男友十分聪明地偷换了概念，"理发师"这个答案既在情理之中，又在意料之外，起到了非常好的幽默作用，令女友在笑声中接受了这个巧妙的回答。

在恋爱中，幽默是一种不可或缺的中和剂，能够很好地调和恋人之间的关系。即便遇到爱人吃醋的情况，也完全没有必要担心，只要能用幽默博得对方一笑，爱情就会变得更加甜蜜。

会心一笑

一天，董雷想要理个发。他走到理发店门口，看到一个女子坐在门口织毛衣，便问："有没有理发师？我想理个发。"

女子听了，立刻请董雷进店并让他坐到座位上，她直接剪掉了董雷的一绺头发，然后坐到一边织毛衣去了。

董雷感觉莫名其妙，便问女子："怎么剪了一下就不剪了？"

女子回答："理发师不在，我要是不剪你一绺头发，你不就走了嘛！"

在我们与异性接触的时候，往往会发生一些出乎意料的突发状况。面对令人措手不及的情况，往往需要我们运用幽默的智慧去化解尴尬。通过这个测试，你可以看出自己的幽默对异性究竟有几分杀伤力。

题目

根据自己的实际情况，选择一个最符合自己表现的选项。

1. 走在路上，你忽然内急，于是急忙冲进路边的公共厕所，可是准备从厕所出来的时候，你发现外面站着异性，这时你会怎么做？

A. 大喊一声，直接冲出厕所

B. 笑着对外面的异性说对方走错了厕所

C. 若无其事地照照镜子，然后轻松地走出去

D. 退回厕所里，等外面没人的时候再跑出去

2. 和心仪的对象一起吃饭，准备结账时却发现忘记带钱包了，你会怎么做？

A. 向对方表示歉意，并坦白告知实际情况

B. 假装四下寻找一番，然后大喊被偷

C. 到厨房拿出一把菜刀，大喊"谁敢让我结账试试"

D. 告诉对方，因为想要再次约会，所以故意不带钱包

3. 和以前的恋人吃饭时，恰好被现在恋人看到，你会怎么做？

A. 坦然地介绍彼此，让新旧恋人相识

B. 无论现在的恋人说什么，始终保持沉默

C. 恨不得找个地缝钻进去

D. 让现在的恋人先回去，然后自己买个搓衣板带回去

4. 在和异性相处的时候，你忽然放了一个很响的屁，你会说些什么？

A. "我吃得实在太饱了，你听我打的饱嗝多响啊。"

B. "实在抱歉，忘了把手机调成振动了。"

C. "真是不好意思，椅子有点不干净，只好吹一下。"

D. "这么好的天气，怎么还会打雷呢。"

5. 你觉得现在的恋人与自己不合适，想要和其他人谈恋爱，你会怎么做？

A. 告诉恋人自己得了不治之症，让恋人另寻伴侣，在恋人找到伴侣之后，再告诉恋人自己的病治好了

B. 对恋人说自己想要先发展事业，等事业有成了再与其谈恋爱，分手之后就切断一切联系

C. 故意做出令恋人失望的事情，让其主动放弃这段感情

D. 找人引诱恋人，让恋人提出分手，自己则充当受害者

6. 乘坐地铁的时候，你的身边坐着一位自己非常中意的异性，在偷看对方的时候，你突然打了一个喷嚏，正好喷到对方身上，你会怎么做？

A. 装作若无其事，赶紧迅速离开

B. 急忙向对方道歉，不好意思地赶紧下车

C. 不紧不慢地掏出手帕和名片，希望对方能给自己打电话

D. 从包中拿出感冒药和抗菌药，感冒药自己吃，抗菌药则递给对方

7. 和恋人一起逛街时，忽然发现一个很养眼的异性，于是拿出手机偷拍，没想到被身边的恋人发现了，你会怎么做？

A. 装作刚刚打开照相机，正在调试

B. 露出惊讶的表情，捧着手机惊呼道："我的天啊，什么时候变成全自动的了！"

C. 使劲把手机摔在地上，并骂道："让你给我偷拍！"

D. 十分随意地把相机镜头对准恋人，若无其事地说："预备——茄子！"

8. 庙会上人头攒动，拥挤不堪，你担心和恋人走散，便去抓恋人的手，没想到，对方一下使劲甩开了你的手，你一看，原来不是自己的恋人，这时你会怎么做？

A. 赶紧向对方道歉，然后去找自己的恋人

B. 假装什么都没有发生，继续往前走

C. 先质问对方为什么把手塞到自己手里

D. 调皮地对对方说："你是不是知道我有恋人，所以不愿意？"

9. 乘坐电梯的时候，电梯里只有你和一个非常养眼的异性，如果想多看对方几眼，你会怎么做？

A. 借助电梯里的镜子以及不锈钢的内壁看

B. 直截了当地盯着对方看

C. 装作拿手机发短信，其实是在偷拍对方

D. 用力踩电梯，希望电梯出现故障，这样就有时间慢慢地看了

10. 两个异性同时约你出去逛街，你借故推掉了甲的邀请，而和乙一起出去，没想到，几个人竟然在商场相遇了，你如何处理这种情况？

A. 眯起眼睛，装作不认识甲

B. 立刻做起鬼脸，使得甲看不出来自己的样貌

C. 使劲把头低下去，恨不得埋进双腿里

D. 藏在乙的身后，让乙掩护自己

计分方法

每道题目选择A计0分，选择B计1分，选择C计2分，选择D计3分。然后将各题所得分数相加，统计总分即可。

测试结果解析

0～10分：你的幽默水平实在太低了，对异性基本没有杀伤力，通常很难引起异性的兴趣，想要迅速摆脱单身生活，只能努力提升自己的幽默能力了。

11～20分：你的幽默水平还算不错，对很多异性都有杀伤力，但是你的幽默具有一定的局限性，只有兴趣相投的异性才会被你吸引。

21～30分：你的幽默水平颇高，对异性的杀伤极大，可以说，大部分异性都无法抵挡你的魅力。如果能在现有基础上有所提升，那么你会变成无敌的异性杀手。

第八章

要想家庭和睦，幽默是最佳的润滑油

常言说："家和万事兴。"可见家庭和睦是一个人获得成功的重要基础，只有获得家人的支持，才能安心地去做自己想做的事情。一个和睦的家庭，往往笑声不断，幽默的言谈举止，又会促使家庭变得更加和睦。可以说，家庭成员之间的和睦与融洽，幽默发挥着不可替代的重要作用，从某种意义上来说，家庭和睦与幽默之间，具有相辅相成的关系。

家庭成员之间是否具有浓厚的亲情，与每个家庭成员的幽默程度有着直接的关系，那些懂得欣赏幽默、运用幽默的家庭，往往能在笑声中增加彼此之间的亲情。

幽默之家亲情浓

假如将家人之间的亲情比作太阳，能够温暖每一个家庭成员，那么家庭中的种种幽默，就像天空中那美丽的彩虹，连接起家庭成员的心。

每个人都希望家庭的港湾宁静而平和，都渴望稳定而幸福的家庭生活。这种追求无可厚非，毕竟每个人都希望拥有自己的生活，不愿意被外界打扰。然而，宁静的生活也需要一些波澜，这样才能激起家庭成员情感的波涛。这些波澜并非争吵或是摩擦，而是能够让人开怀大笑的幽默。在家庭生活中，适当地运用一些幽默，可以使家庭成员之间的关系更加融洽，家庭气氛更加和谐，家庭生活更加幸福和美满。

周鹏一家都很幽默，家庭氛围十分和谐。

一天，周鹏和同学出去打篮球，回来的时候衣服都湿透了。妈妈看见了，有些心疼地对周鹏说："你看你，打篮球也这么拼命，都快变成'落汤鸡'了！"

"唉，可惜这'汤'实在太咸了，一点儿都不好喝！"周鹏一边指着衣服上拧出的水，一边笑着说。

爸爸听了，满脸微笑地说道："鸡汤的话，当然得喝你妈妈做的，她可是专注鸡汤二十多年了哦！"

又有一天，天气很热，周鹏准备出去打篮球的时候，妈妈说道："天气太热了，现在去打篮球很很容易脱水的。你看看那些缺水的小草，多没精神啊！万一你脱水了，可就不帅了。"

爸爸也附和说："是啊，天气太热了，等凉快点再去吧！"

周鹏笑呵呵地对爸爸妈妈说道："放心吧，我带着水呢，会在适当的时候'浇灌'一下自己的。"说着，周鹏带着笑容出门了，爸爸妈妈看着他的背影，脸上也绽放出了笑容。

在家庭中，幽默绝对是不可或缺的元素之一。幽默可以给家庭成员带来发自内心的笑容，帮助他们驱散工作压力、繁杂事务等带来的不良情绪，这对于工作和生活都具有十分积极的意义。当一家人都能以平和的心态面对彼此，都能以体谅的心情照顾彼此，那么家人之间的亲情自然会变得更加浓厚。

会心一笑

几个人在棋牌室打麻将，正到关键时刻，忽然停电了。

甲说："真是晦气，马上就要和牌了，竟然停电了！"

乙说："老板，赶紧点上蜡烛啊！"

丙说："这么热，赶紧打开风扇才对！"

丁说："开什么风扇？风扇一开，不就把蜡烛吹灭了！"

老板拿着点着的蜡烛走过来，说："放心吧！这蜡烛风扇吹不灭。现在没电，风扇想转都转不起来。"

从相识到相知，从恋爱到结婚，能够
走进婚姻殿堂的男女，往往经历了时间的
洗礼，经受住了各种各样的考验。在悦耳
动听的婚姻之歌中，幽默是最为美妙的音
符之一。

巧用幽默，奏起更加悦耳的婚姻之歌

对于很多人来说，能够与相爱的人结婚生子，组建美满的家庭，这是一生
中最为幸福的事情。然而，生活总是充满了不确定性，即使夫妻双方想要和谐
相处，希望一切都能顺顺利利，也难免会出现一些让人不顺心的事情。

比如，在操持家务的过程中，难免会因为疏忽而出现一些失误，诸如地没
墩干净、衣服没洗好、菜烧煳了等等。在幸福的婚姻生活中，这些鸡毛蒜皮的
小事本来不算什么，但是有些追求完美生活的人，会将这些事情无限放大，难
以原谅自己。面对这种情况，如果运用幽默的手段安慰对方，往往就可以让对
方放松心态，从而使婚姻生活更加幸福美满。

一对夫妻已经结婚十多年了，在十几年的婚姻生活中，双方相敬如宾，彼
此关怀，幸福感日渐加深。

刚刚结婚时，妻子根本就不会烧菜做饭，但是经过十多年的磨炼之后，妻

子已能烧出一手好菜，丈夫对妻子的表现十分满意，充满了感激。

一天，妻子不小心把菜烧煳了。丈夫什么都没说，默默地坐在餐桌前开始吃饭。看到丈夫如此包容自己，妻子深感自责。

好不容易等到丈夫吃完饭，妻子赶忙收拾餐具。没想到，丈夫忽然一下将她抱在怀里，并在她脸颊上亲吻了几口。

妻子忙问："亲爱的，你要干什么？"

丈夫笑着回答："我要感谢你！今天的这顿饭就像我们刚结婚时你做的饭菜一样，不仅让我想起了那时的甜蜜时光，还让我体会到你这十多年来的辛苦付出。你让我感受到了那时的甜蜜，我也要让你体会一下那时我对你的爱！"

妻子的自责，丈夫看在眼里，也疼在心里。他能体会妻子的心情，所以不仅没有责备，反而以幽默表达对妻子的体谅。妻子从中不仅感受到了丈夫的浓浓爱意，还体验到更多的幸福。

在美好的婚姻生活中，夫妻双方总能站在对方的角度上考虑问题，希望自己的爱人能够幸福快乐，为了达到这个目的，可以多多运用幽默，以幽默的力量让婚姻之歌变得更加动听起来。幽默的语言能够让家庭远离没完没了的争吵，远离互不理睬的"冷战"，它能让夫妻双方始终沐浴在爱情的微风细雨之中，将和谐的夫妻关系一直保持下去。

会心一笑

甲："说了你可能不信，我爸绝对是一个做饭高手，而且深藏不露。他只要出手，总能做出我妈永远都做不出来的效果。"

乙："没想到叔叔这么厉害，有机会真想去品尝一下。"

甲："非常欢迎你来我家做客，到时候让我爸好好展现一下手艺。我爸做的菜，花样那叫一个多，有牙碜的、带生的、夹生的、煳锅的，种类繁多，任君品尝，你可千万不要客气哦！"

在现代家庭中，孩子往往被视作珍宝，由于从小备受溺爱，说教式的教育对他们并没有太好的效果，想让孩子听话，家长不妨尝试借助幽默，寓教于乐的方式更容易让孩子接受。

教育孩子，幽默比说教更有效

众所周知，在现代社会中，很多家庭只有一个孩子，所以孩子往往是家中的"小皇帝"，过度的溺爱使得他们总是以自我为中心，如何教育孩子便成为家长头疼的问题。

有些家长希望将自己的思想灌输给孩子，认为自己的经验对于孩子来说是一笔宝贵的财富，这种想法虽不算错，但并不全面。毕竟每个人都有自己的生活轨迹，非要让孩子按照家长的想法生活，这完全是自私自利的表现。更何况，过分的说教容易引起孩子的反感，甚至伤害他们的自尊心，这种教育方式注定无法取得良好的效果，因此并不可取。

如果能在教育孩子的过程中，多用一些幽默的技巧，那么不仅可以达到教育孩子的目的，还能让孩子感受到父母对他们的爱，更加重要的是，幽默有助于开发孩子的智力，提升他们的思维能力。

米哈伊尔·斯威特洛夫是苏联著名的诗人，他在教育孩子方面有自己独到的见解。

米哈伊尔的小儿子名叫舒拉，他是一个非常调皮的孩子，总能做出一些令人匪夷所思的事情。

一天，舒拉为了引起家人的关注，故意将半瓶墨水喝进了肚子里。这一下，家人都着急起来，一时之间都不知如何是好。舒拉的母亲急忙给医院打电话，请求对方派来救护车。

正当大家手忙脚乱的时候，米哈伊尔从外面走了进来，详细了解情况之后，米哈伊尔并没有表现出丝毫的慌张，而是十分轻松地问舒拉："你真的喝了半瓶墨水？"舒拉十分得意地吐出舌头，舌头上确实带有很多墨水。

见此情况，米哈伊尔不紧不慢地到书房里拿出一沓吸墨纸来，对舒拉说："孩子，这是吸墨纸，考虑到你的健康，你最好把这些纸嚼碎之后咽进肚子里。"

听了米哈伊尔的话，舒拉再也得意不起来了。从此之后，舒拉再也不做类似的傻事了。

按照常理来说，舒拉的做法应该受到批评，但是在这种情况下，批评也于事无补。米哈伊尔知道墨水对人体的伤害不会太大，于是借着这个机会教育了一下舒拉。在家人的嬉笑声中，舒拉认识到了自己的错误，由此彻底改正了自己的缺点。

浩浩今年刚上幼儿园，对环境还不熟悉，因此每次上学都很不情愿。

一天，妈妈将浩浩送到幼儿园门口时，他用力抓着门框不肯松手，说什么都不愿意走进幼儿园。无论老师怎么安慰、劝解，浩浩都不为所动。

这时，妈妈灵机一动，笑呵呵地对浩浩说："我知道浩浩很喜欢幼儿园的门框，但是你要知道，被你摸了这么久，门框都有些不好意思了。听妈妈的话，赶紧松开门框，进幼儿园去吧！"

听了妈妈的话，浩浩终于松开门框，走了进去。

对于撒娇的浩浩，妈妈并没有责备或是强迫他，而是站在孩子的角度上思考问题，用天真而幽默的方式赢得了孩子的心，从而轻松地解决了问题。这种幽默方式值得学习，对孩子既不溺爱，也不强硬，教育效果自然事半功倍。

在孩子的天性中，叛逆和追求快乐是两个不可或缺的组成部分，他们会很自然地拒绝说教，也会很自然地接受笑声。采用幽默的教育方式，不仅可以让孩子得到教育和警示，更能培养他们开朗活泼的性格，何乐而不为呢？

会心一笑

一天，乐乐在幼儿园获得了一朵小红花。

爸爸问他："老师为什么奖励你小红花啊？"

乐乐回答："我看到老师掉了一颗扣子，捡起来还给她，老师说我拾金不昧，所以奖励我一朵小红花。"

第二天，乐乐又得到了一朵小红花。

爸爸问："老师为什么奖励给你这朵小红花呢？"

乐乐说："我还想得到小红花，于是一直盯着老师看，希望她的扣子再掉下来，可是我看了一天扣子也没掉。后来老师说，我今天注意力很集中，所以奖励我一朵小红花。"

在家庭中，任何晚辈都应该对长辈保持足够的尊重，即使长辈有不足，或是做得不对的地方，也要以幽默风趣的方式提出来，这样更能让长辈感受到尊重和理解。

尊重长辈，带着幽默提意见

中国有句古话，叫作"百善孝为先"。孝顺长辈是每个人都该做的事情，但是孝顺并不意味着对长辈言听计从，一切唯长辈马首是瞻。

一个健康而和谐的家庭，通常具有十分健康的家庭氛围。当晚辈的观点和行为不正确时，长辈应该及时进行批评和指正；当长辈的观点和行为不正确时，晚辈同样可以给长辈提出一些建议和意见。只要是有益的、合理的建议，相信每个家庭成员都能虚心接受。只不过，在给长辈提意见时，一定要注意方式方法，在表达时要尽量幽默、委婉一些，这样才不会伤及长辈的尊严和颜面。

有一位画家一心希望儿子可以子承父业，学习画画。可是儿子对画画并没有什么兴趣，每天练习画画对他而言简直就是一种折磨。

一天，画家对儿子说："爸爸的生日就要到了，你画一幅画给爸爸做生日礼物吧！"

听到爸爸的话，儿子很听话地到房间画画去了。片刻之后，儿子拿着一张白纸出来了。他对画家说："爸爸，这是我画的画，祝您生日快乐！"

画家大惑不解："你画的是什么啊？我只看到一张白纸而已。"

儿子解释说："我画的是一群在草地上吃草的骏马。"

画家更加疑惑："我没看到草，也没看到骏马啊！"

儿子笑着说："草被骏马吃光了，骏马吃光草之后就跑了。"

听了儿子的话，画家明白了儿子的意思，从此再也不逼着儿子学画画了。

儿子能够理解画家爸爸望子成龙的心态，但是对爸爸给他设定的人生轨迹并不满意，可是爸爸的地位和尊严摆在那里，儿子只能以幽默的方式表达自己的见解，希望爸爸可以体谅他。事实证明，儿子的做法得到了父亲的赞许。如果儿子和父亲针尖对麦芒地对着干，那么对双方都是一种极大的伤害。

无论何时何地，对长辈的尊重都不能忘记，在提意见的时候，运用一些幽默的技巧，这样才能让他们在接受意见的同时，得到最甜美的笑容。

会心一笑

一位擅长画动物的画家到野外采风，恰巧看到一头强壮的牛。这头牛四肢发达，线条优美，眼睛炯炯有神。征得牛主人的同意之后，画家以这头牛为模特，画出了一幅油画。后来，画家将这幅画陈列在自己的画室中，有人以800美元的价格买走了。

一段时间之后，画家又遇到了牛主人，并告诉他那幅画卖了800美元。牛主人十分诧异，大声说："这也太奇怪了，我的两头真牛也卖不了你那一头假牛的钱！"

在家庭生活中，婆媳关系是一种非常微妙而难处理的关系，一旦出现问题，最好的解决办法就是采用幽默的方式，发自内心的笑声能够融化婆媳关系的坚冰。

婆媳关系难处理，幽默现身解难题

对于很多人来说，婆媳关系是比较沉重的话题。其实，只要在一起相处，就难免会出现这样那样的矛盾。即使是母亲和儿子之间，也会出现意见不合的时候。只是因为婆媳的关系十分微妙，才被人们无意识地放大，逐渐被看成一个难以解决的问题。

婆媳关系确实不如亲子关系那样容易处理，但是我们必须勇敢面对，迎难而上。毕竟，婆媳的关系不好，整个家庭的氛围就不会太好。所谓"家和万事兴"，只有家庭和睦，我们才能将所有的精力用于自己的事业，才能获得更大的成功。

很多时候，婆媳之间发生矛盾无非是因为观念的差异或是一些鸡毛蒜皮的小事。如果非要争个孰是孰非，往往只会带来更大的伤害，倒不如"一笑泯恩仇"，在笑声中解决问题。

小敏和丈夫结婚五年多了，他们有一个漂亮的女儿，一家三口过着幸福的生活。可是在小敏的婆婆看来，小敏应该再生一个男孩，这样家庭才算美满。对于不生二胎这件事情，小敏向婆婆解释过很多次，但是每次都没有效果，两个人的关系也出现了一些裂痕。

一天，婆婆又跟小敏说起再生一个儿子的事情。

"小敏啊，你是不知道，我每天晚上做梦都是你给我生了一个大胖孙子啊！"

"妈啊，您现在已经有了一个漂亮的孙女，再要一个孩子您带着也累啊！"

"我不嫌累，就是想要个孙子，不然以后咱们家的房子啊，钱啊，都给谁呢？"

"给您孙女啊！"

"给孙女不是不行，可是她以后要嫁人，嫁出去了就把你们辛辛苦苦挣来的东西送给别人了，这明摆着是便宜了人家啊！"

"妈，一家人生活在一起，哪有什么占便宜不占便宜的。再说了，我父母也就我一个女儿，结婚的时候给我置办了不少东西，我觉得老公很爱我，很顾家，这就非常好了，您不会觉得您儿子占了我的便宜吧？"

见婆婆不再言语，小敏笑着又说："妈，您就放心吧！您孙女这么聪明、漂亮，以后肯定能找个好老公，到时候人家还得给咱们送东西呢！吃不了亏。"

听了小敏的话，婆婆的脸上也露出了笑容。

婆婆为了劝说小敏生个儿子，从家庭财产的角度进行分析，而小敏抓住其中逻辑的漏洞，推翻了婆婆的论断，在这个过程中，小敏没有针锋相对，而是以温和、幽默的态度与婆婆进行对话，这使得婆婆开心地接受了小敏的观点。

婆媳之间的关系之所以很难处理，是因为婆婆和媳妇都爱着同一个男人，两人都有自己爱的方式，而且总会以自己的观点去衡量对方，总觉得对方照顾得不如自己好，久而久之，难免会产生一些对立情绪，使得婆媳关系出现一些问题。

实际上，就整个家庭的利益而言，婆媳之间和睦才能让她们共同爱着的那个男人幸福和快乐。从这个角度考虑，应该想方设法地促使双方的关系往好的方向发展，当出现问题的时候，要积极乐观地解决，用幽默和笑声代替一切摩擦和不快。

会心一笑

一对小夫妻刚刚结婚不久，父母就催促他们赶紧生孩子。

一天，妻子向丈夫抱怨："爸妈实在是太着急了。你妈今天又跟我说赶紧生孩子的事，说她想早点抱个大胖孙子。"

丈夫说："在这件事情上，妈确实是急了点，可是爸从来没说过什么啊！"

妻子噘起嘴巴说："爸是没说过什么，可是他整天抱着本《孙子兵法》在我面前晃。"

一个人的幽默感，并不单单体现在一个方面，而是很多因素融合在一起共同决定的。你究竟是不是一个懂得幽默的人？是否能用自己的幽默为大家带来欢乐，也为自己带来更多的人气和关注？做完下面这个测试，你就能找到答案了。

题目

根据自己的实际情况，对以下测试题做出比较符合自身情况的选择。

1. 寒冬腊月，你的妹妹穿着春装去学校，你会不假思索地说什么？

A. 你受什么刺激了

B. 你还真是"要风度，不要温度"啊

C. 你这是扮演什么电影角色呢

2. 老师问："射击的时候为什么要睁一只眼闭一只眼？"你会如何回答？

A. 假如把两只眼睛都闭上，那就什么都看不见了

B. 这么简单的问题，答案显而易见嘛

C. 闭上一只眼睛，可以避免分散注意力

3. 班级组织参观农场，一个女生突然惊讶地说："天啊，那头牛怎么总是惊奇地看着我？"你会说什么？

A. 它是觉得你的衣服实在太漂亮啦

B.　你衣服的颜色吸引了它的注意力

C.　别紧张，这是你的自我感觉而已

4.　弟弟说："2乘2等于5。"你会笑着对弟弟说什么？

A.　你这个笨蛋

B.　只有天才才能说出这样的答案

C.　偶尔犯点糊涂，没什么

5.　课堂测试的卷子发下来之后，你刚好及格。你会怎么说？

A.　60分万岁

B.　老师总是对我这么吝啬

C.　唉，看来我的水平也就这样了

6.　你主动和一位关系并不太好的同学打招呼，他却不理不睬，你会怎么做？

A.　搓搓自己的手，以此掩饰尴尬的心情

B.　笑着问对方："你的眼睛是不是有什么问题？"

C.　轻轻地摇摇头，表现出不以为然的样子

计分方法

第1题：选项A、B、C分别对应的分值为1、2、3。

第2题：选项A、B、C分别对应的分值为3、1、2。

第3题：选项A、B、C分别对应的分值为2、3、1。

第4题：选项A、B、C分别对应的分值为1、3、2。

第5题：选项A、B、C分别对应的分值为1、3、2。

第6题：选项A、B、C分别对应的分值为2、3、1。

将各个选项对应的分值相加，得出最终的测试分数。

0~8分：你的幽默感明显不足，这是因为你的人生阅历不够，对外界事物缺乏应有的关心。想让自己变得幽默起来，一定要在个人修养方面多下一些功夫才行。

9~12分：你有一定的幽默感，而且具有聪明的头脑，能够控制自己的言行。但是在某些时候，你也显得不那么自信，只要你能提升自己的信心，那么你就会变得更加幽默。

高于12分：你的幽默感堪称顶级，而且具有极强的辨别能力，可以让身边的人时刻感受到快乐。正因如此，你的人缘非常好，大家都喜欢和你相处。

第九章

幽默须谨慎，避开禁忌效果佳

幽默是一把打开别人心扉的钥匙，能帮助我们更好地结交朋友，更顺利地处理问题，更乐观地面对人生。每个人都想变成幽默大师，能随时随地地运用幽默，展现个人的魅力。然而，幽默的运用并非没有界限，场合、对象、方式等，都是需要考虑的因素，只有避开一些禁忌，才能收到更好的幽默效果。

> 真正的幽默往往具有深刻的思想和高尚的品位，表现出积极健康的一面，庸俗的段子则是对幽默的亵渎，常常令人不胜其烦。

远离庸俗，幽默是高雅的艺术

在某些人看来，幽默是一件十分容易的事情，无非是开开玩笑，逗人发笑而已，于是他们以油腔滑调、插科打诨，甚至是庸俗谄媚的方式来引人发笑，自以为能够赢得人们的喜爱，实际上，这种做法非但不能证明他们的幽默，反而彰显了他们的低级趣味。

从让人发笑的角度而言，幽默和庸俗的段子都能达到一定的效果，但是就两者的本质而言，绝对称得上是天壤之别。无法分清幽默和庸俗，也就无法做到真正的幽默。真正的幽默，应该积极健康，能给人正面的引导，让人从幽默中受益，得到良好的启迪。如果谁将幽默和庸俗画上等号，那他即便能够逗人发笑，也注定无法在别人心中留下好印象。

赫鲁晓夫天生头发稀少，额头至头顶的头发很早就掉光了。尽管他一直自嘲"聪明的脑袋不长毛"，还是有些人喜欢拿这件事取笑他。

一天，一个中年人边摸赫鲁晓夫的光头边说："你的头还真光滑啊，摸起来就像女人的臀部一样。"

听了中年人的话，赫鲁晓夫并没有发脾气，而是立刻反驳道："我不同意你的看法，我认为这是我母亲的伟大杰作之一。她早就看出当今社会的黑暗面太多，于是特意将我生成一个光头，这样能给大家带来一些光明。"

中年人的比喻显然是低俗的、不恰当的，这对赫鲁晓夫是一种极大的亵渎。听到这样的话，不仅仅赫鲁晓夫会感觉受到侮辱，身边的人也会觉得很不舒服。换作一般人，或许早就大发雷霆，但是赫鲁晓夫具有广阔的胸襟，他非但没有生气，反而以幽默的方式表达了"追求光明"的思想，两相比较，高下立判。

开玩笑并不是不行，但是一定要远离庸俗。高雅是幽默的特质之一，高品位的幽默才能衬托出高品位的人。我们熟知的幽默大师，莫不具有良好的品德修养。

在现实生活中，常常见到一些人以黄色笑话、谄媚庸俗等方式来博人眼球；在网络上，也有一些低级趣味的搞笑视频出现；诸如此类的庸俗段子，反映出的是这些人的低下品位，即便有人去听、去看，也不过是转眼即逝，很难给人留下好印象。

要想成为幽默大师，首先要做的就是远离庸俗。要时刻谨记，幽默是一门高雅的艺术，只有高品位的人，才能发现幽默的真谛，才能说出让人舒心的话。

会心一笑

卡特剃了一个光头，这让他成为课堂的焦点，老师提问的时候，总会说"请那位光头的同学回答一下"。

卡特对此颇感无奈。终于有一天，一位老师对着花名册叫同学回答问题，没想到，老师点出的名字竟是"卡特"。这让卡特十分不爽，赌气不做回应。

老师连叫了三遍"卡特"，见没人站起来，便说："那好吧，请那位光头的同学回答一下！"

> 幽默具有神奇的力量，能够让人开怀大笑，但是在不适宜幽默的场合中，你的幽默反而会让你成为众矢之的，让你变成一个不受欢迎的人。

不分场合地幽默，会让你变成众矢之的

幽默总是闪烁着智慧和魅力的光芒，在我们的生活中，幽默是不可或缺的重要组成部分，它对我们有着十分积极的影响，但是也不能无时不在，无处不在。运用幽默的时候，我们应该注意区分场合，在一些不适宜幽默的场合中，如果非要展现自己的幽默，那你展现出的就是愚蠢的光芒，最终结果往往不会尽如人意。

在一个会议室里，两个公司的代表正在进行紧张的商务谈判，为了尽早达成协议，双方代表争分夺秒，恨不得将每一秒都充分利用起来。

在谈判进行到关键时刻，双方代表正为一个焦点问题进行激烈的交锋时，一家公司的经理助理忽然插话道："相信大家都知道，如果我们的脸部长时间保持紧张的状态，很可能会变成'扑克脸'哦，为了大家今后能有甜美的笑容，我建议大家一起放松一下，怎么样？"

经理助理的话说完之后，所有人都陷入了沉默之中，谈判的热烈氛围瞬间冰冻了一般，大家都盯着她看，脸上挂满了诧异的神情。

用幽默来缓和紧张的气氛，这并没有错，这位助理错就错在选择了错误的场合。在如此关键的时刻，助理竟然建议大家放松一下，这不仅是对自己工作的不负责任，还是对所有人的不尊重。这种情况下，本公司的人对他心生不满还是小事，一旦对方公司认为助理的态度代表了其公司的态度，那么谈判就很难获得成功了。

能够说出幽默的话固然是值得赞扬的，但是如果不能看准场合，不懂得在适当的场合进行适当的幽默，那么再高超的幽默能力都没有任何意义。因为在不适宜的场合展现幽默能力，只能产生适得其反的效果。这时，幽默非但不能让人舒心，还会让人觉得厌烦。

会心一笑

最近天气恶劣，大雪纷飞、狂风大作。卡特的朋友病重，他只好冒着严寒前去探望。

经过艰难的跋涉之后，卡特终于到了朋友家里，早已冻得瑟瑟发抖。

"这一路真是太可怕了。"卡特对朋友抱怨，"我每次往前走一步，总会不由自主地滑回去两步。"

"那你是怎么走到我家来的呢？"朋友觉得匪夷所思。

"我很生气，于是边咒骂这该死的鬼天气，边转身往自己家走去。"

凡事都要有"度"，幽默自然也不例外。当一个人的幽默超出了应有的限度时，非但无法达到预期的幽默效果，反而会对他的形象产生负面的影响。

幽默超越尺度，效果适得其反

有个成语叫"物极必反"，还有一个成语叫"否极泰来"，这两个成语具有一定的相通性，都蕴含着"事物发展到极端，就会向着相反的方向转化"的意思。这是中国人民智慧的体现，将它们运用在幽默方面，也是非常恰当的。

凡事都要掌握好其中的"度"，幽默也是一样。如果超越了其中的尺度，那么幽默就称不上幽默了。这种变质的幽默不仅无法让人会心一笑，还可能会伤害别人，成为引发矛盾的导火索。

莉莉和露西是非常要好的朋友，两个人从小学到高中，一直都在同一所学校读书。

一天，两个人和朋友们约好一起参加一个聚会。露西的身材稍微有些胖，她在衣柜里挑了半天，才选中一条自认为比较满意的裙子。

到了现场，朋友们欢声笑语，共享非常快乐的时光。莉莉一时兴起，想要展现自己的幽默特质，于是对露西说："露西，我觉得你今天的裙子很漂亮啊，把你的水桶腰都掩藏起来了！"说完，莉莉带头大笑起来。

露西稍微有些尴尬，但是莉莉平时就会开这样的玩笑，更何况两个人是多年的朋友，所以露西也没说什么。

过了一会儿，莉莉又说："露西，今天的发型也不错哦，你的'大饼脸'看起来小多了。"听到莉莉的话，朋友们又是一阵大笑，露西的脸上却布满了乌云。

不知不觉间，聚会已经进行了一半，由于心情不佳，露西很少说话，只是一个人闷闷地坐在角落里。莉莉发现情况有点不对，于是来到露西身边，想开导一下露西，让她重新投入聚会的热烈氛围之中。

"露西，你怎么了？我之前都是跟你开玩笑呢，你还当真了啊，我一直觉得你很大度，不是这么小肚鸡肠的啊！"莉莉边说边伸手去摸露西的肚子。

这下，露西忍无可忍了，她猛地推开莉莉的手，站起来就往外走。莉莉被露西的举动吓了一跳，呆呆地坐在那里动弹不得。

在接下来的时间中，莉莉对聚会了无兴趣，她的思绪全都集中在露西身上。聚会尚未结束，莉莉便急急忙忙地来到露西家，向露西表达自己的歉意。

此时的露西依然怒气未消："莉莉，你今天实在太过分了，聚会上有那么多人，你就算要开玩笑，也不能总拿我一个人说事啊！我知道你想逗大家笑，可是你有没有考虑我的承受能力呢？……"

待露西发泄完，莉莉又一次诚挚地表示歉意，请求露西的原谅，两个人经过沟通，终于重归于好。

莉莉想逗大家笑的出发点是好的，她的言语确实也达到了一定的目的，然而，她表现幽默的方式有些过分了，这反而深深地伤害了露西，使得两人的关系出现了裂痕。她们是多年的好友，尚且出现了这样的问题，如果关系不是太好的人，那么想必最终的结局只能是两败俱伤。

在现实生活中，总会遇到想用幽默却又掌握不好幽默度的人。这些人并非没有幽默细胞，只是因为在幽默的地点、时机、对象、方式等方面超出了幽默的尺度，才使得自己的幽默非但不能起到良好的效果，反而令自己的形象受到严重的损害。

会心一笑

凯文："嗨，韦德，我把头发往上梳一点，你觉得怎么样？"

韦德："嗯，像个小蒜头。"

凯文："你就不能说点好听的？"

韦德："哦，像个漂亮的小蒜头。"

凯文："你就不能鼓励我一下？"

韦德："好吧，像个可爱的小蒜头。"

凯文："难道你就不会表扬我一下？"

韦德："没问题，你这是世界上最漂亮、最可爱的小蒜头！"

> 幽默和讽刺都能带来让人发笑的效果，但是幽默能够娱乐众人，讽刺则会让讽刺对象受到伤害。想要表达幽默功力的时候，一定要注意两者的区别，以免产生不好的幽默效果。

幽默、讽刺，傻傻分不清楚

现代社会，各种竞争趋于白热化，人们的各种压力也逐渐增大。为了舒缓神经、摆脱压力，很多人喜欢用幽默来改善心态、调节心情。然而，许多人认为的幽默只是讽刺而已。幽默的人，说话往往让人心情舒畅、如沐春风，而讽刺则会让被讽刺者受到严重的伤害。为了自己得到快乐，而去伤害别人，这种做法根本与幽默背道而驰。

试想一下，如果有人因为觉得高人一等，就颐指气使、趾高气扬，你的心里会有什么想法？面对把讥讽当作幽默的人，即使知书达理的人，恐怕也会愤愤不平吧！

一天，一个富家子弟代表父亲参加一场慈善晚宴。在宴会结束之后，他邀请一位在慈善基金会工作的女子跳舞。

女子有些受宠若惊地问：“您怎么会想和我这样一个平凡的人跳舞呢？”

富家子弟自以为幽默地说："我这也是在做慈善啊！"

女子听了，一脸不悦地说："谢谢您！只是我的条件还达不到接受慈善的标准！"

富家子弟自以为是的幽默，让他吃了闭门羹。他以为自己的地位高人一等，因此以高傲的姿态出现在女子面前。不承想，他自以为的幽默不过是对女子的讽刺和贬低，感觉受到侮辱的女子拒绝他，也在预料之中了。

一天，小李和朋友相约出去打球，在比赛结束之后，小李一个人走在回家的路上。

突然，小李看到了自己的两个同事，他们平时就喜欢讽刺别人，同事们没少受他们的苦。

那两个同事看到小李，亲热地上来打招呼，并把他夹在中间，其中一个拍着小李的肩膀说："小李啊，我们两个刚刚还在争论，你这个人是无聊更多一些呢，还是愚蠢更多一些。你自己怎么认为？"

小李看看身边的两个人，说："我认为我正处于这两者之间。"

小李的两个同事本想讽刺小李一番，让他难堪，没想到搬起石头砸了自己的脚，讽刺别人不成，自己反倒吃了哑巴亏。无意间的讽刺常有发生，这种情况对人的伤害还不算太大，但是像小李的同事这种本身就喜欢讽刺别人，希望以此来满足自己某种心理的人，没有必要为他们留情面，不妨"以彼之道，还施彼身"，让他们切身感受到被人讽刺的痛苦。

分不清幽默和讽刺的人，往往会在无意间伤害别人、得罪别人，有时候，自以为很搞笑的一件事情，却在不经意间伤害了别人。所以说，在想要表现幽默的时候，一定要考虑全面，照顾到每一个人的情绪和心理，这样才不至于自以为是地幽默，才能赢得每一个人的心。

会心一笑

皮尔纳应邀参加一场晚宴，朋友们都为他感到高兴。

第二天，皮尔纳和朋友卡库塔在街上相遇。

"昨天的晚宴怎么样？"卡库塔问。

"简直令人抓狂。"皮尔纳快快地回答。

"饭菜不好吗？"卡库塔又问。

"我也不知道饭菜怎么样。我旁边的那个人有点斜视，他把我面前的东西全都吃光了。"皮尔纳无奈地说。

> 说话刻薄的人，从来都不会受人欢迎，如果你以为可以用幽默来遮掩自己的刻薄，那就大错特错了。要知道，刻薄的言语所具有的穿透力，是幽默无法遮挡的。

有了刻薄的色彩，幽默就不再是幽默

仔细观察一下就不难发现，凡是事业有成的人，往往都是非常大度的。他们不会将刻薄的话挂在嘴边，更不会通过以幽默掩饰刻薄的方式，来博得别人的笑声。因为他们知道，有了刻薄的色彩，幽默就无法再称为幽默。这种所谓的幽默，不仅不受欢迎，还会影响自己的形象，这对于人际交往有百害而无一利。

一个说话刻薄的人，会给人素质低下、难以相处的感觉，很少有人愿意与之为伍。关于这一点，相信很多人都有深刻的体会，也形成了一定的共识。有些人或许会辩解，是因为受到对方的伤害在先，所以才用刻薄的话语进行回击，而且已经尽量用幽默的方式表达，所以不会给对方造成太大的伤害。但是事实并非如此，抱有这种想法的人，可谓大错特错！即使穿上了幽默的外衣，刻薄的本质也不会发生任何改变，它依然令人难以接受。

卡洛·柏妮是一位著名的喜剧演员，受到很多观众的喜爱。但是所谓"萝卜白菜，各有所爱"，有人喜爱自然也就有人不喜欢。一天，她在餐厅用餐时，就遇到了一位不喜欢自己的老妇人。

这位老妇人走到卡洛·柏妮身旁，旁若无人地用手摸起卡洛·柏妮的五官来。摸完之后，老妇人故意略带歉意地说："实在抱歉，大家都说你长得很漂亮，可是我摸不出有多好。"

"还是省下您的祝福吧！"卡洛·柏妮说，"实际上我看起来也没有多漂亮。"

老妇人特意认真地看了看卡洛·柏妮的五官，然后点头说："你说得对，真的没有多漂亮。"

"是啊，被你又摸又看的，就算是新的也变旧了啊！"卡洛·柏妮边摇头边笑着说。

老妇人自以为是地认为，她对卡洛·柏妮的调侃已经达到了目的，不仅表明了自己对卡洛·柏妮的态度，还让卡洛·柏妮在不知不觉中接受了自己的观点。但是，她没想到，卡洛·柏妮会用同样的方式进行反击。最终的结果是，老妇人非但没有赚到便宜，反而搬起石头砸了自己的脚。

在实际生活中，我们也应该时刻注意自己的言行，千万不要以为带有幽默元素的刻薄便不是刻薄，更不要以为这种所谓的幽默能够给人们带来快乐，可以彰显自己的独特魅力。

会心一笑

一次，卓别林受邀参加晚宴。席间，他说："无论我走到哪里，总有人学我的鸭子步来表达对我的欢迎。"说着，他站起身表演起鸭子步，在场的人都被逗得前仰后合。不一会儿，一道北京烤鸭被端上了餐桌，卓别林幽默地说："我真不忍心吃这道菜，因为我的鸭子步就是从鸭子身上得到的灵感啊！"正当众人略感尴尬时，卓别林又说："给我灵感的是美国鸭子，这只烤鸭却是中国的，吃几口也没关系！"众人立刻又哈哈大笑起来。

> 当你拿别人的不足开玩笑，并将其视作幽默时，你所认为的幽默便变得一文不值、臭气熏天，更为严重的是，那些将你视作朋友的人，可能因为这个玩笑而视你为仇人。

切忌拿别人的不足开玩笑

任何人都不应该将别人的不足视作取乐的对象。要知道，这种玩笑会伤害人心，如果你不想别人取笑你的不足，你就应该做到不以别人的不足开玩笑。

当你以伤害别人的方式开玩笑时，别人肯定不会跟着你一起傻笑，反而会对你心生怨言甚至是仇恨。等到别人报复你的时候，再后悔就来不及了。

聂涛有口吃的毛病，他很讨厌别人以此为乐。

一天，聂涛的朋友赵鹏想和他开个玩笑，便对聂涛说："我能让你学鸭子叫，你信吗？"

聂涛结结巴巴地说："不，不，不信！"

赵鹏说："那好吧，要是不能让你学鸭子叫，我就请你吃瓜子！"

聂涛又结结巴巴地说："好，好啊，我吃定你的瓜，瓜，瓜，瓜子了。"

聂涛话还没说完，周围的人就已经笑作一团。

明白了其中缘由的聂涛一声不响地走开了，从此再也不和赵鹏来往了。

作为朋友，赵鹏本来应该保护聂涛，而不是带头取笑聂涛的口吃。赵鹏以为自己的幽默赢得了大家的笑声，其实笑过之后，大家对他的印象更多的应该是刻薄。对待自己的朋友尚且如此，更何况是其他人呢！

米勒是一个很爱开玩笑的人，但是有时玩笑开得不合时宜，让人生气。

一天，米勒在公园偶遇了自己小时候的邻居，两个人互相寒暄，非常亲切。聊了一阵之后，米勒忽然静静地盯着邻居的脸看。

邻居被米勒盯得有些不知所措，便问："你盯着我看什么呢？我脸上长什么东西了？"

米勒装作恍然大悟一般，说："看到你的脸之后，我忽然联想到了月球，你的脸和月球真是太像了啊！"

听完米勒的话之后，邻居气得扭头就走，米勒再怎么道歉，邻居都没有理会他。

米勒将邻居的脸与月球相比，极大地刺痛了邻居的心，所以他才会头也不回地走了。想要让邻居原谅自己，恐怕仅靠几句道歉是无法实现的。

如果你非要拿别人的不足开玩笑，别人感受到的一定不是幽默，而是一种深深的刺痛，甚至是一种永远难以忘怀的伤害。

会心一笑

在地理课上，老师正在为同学们讲解月球的情况。

"月球是一个很大很大的球体，即使上千万的人住在上面，也会觉得十分宽敞。"

小男孩福克斯突然大叫起来。

"你在叫什么？"老师问他。

"我在想，如果真的住到月球上，等月亮变成月牙儿的时候，上面的人得多拥挤啊！"

　　在各种不同的场合，幽默有多种多样的表现形式。面对各种各样的情况，懂得幽默的人总能处理得得心应手，用他们独特的幽默魅力感染身边的人，你是不是一个能用幽默打动别人的人？赶紧来做下面这个测试，看看你的幽默究竟有多大的感染力。

题目

　　请按照实际情况回答如下问题，选项分别有：完全不同意、比较不同意、稍微不同意、中立、稍微同意、比较同意、完全同意。

1. 通常情况下，我不太喜欢笑，也不喜欢和别人开玩笑。

2. 我感觉情绪低落时，常常用幽默来振奋精神。

3. 假如某个人有毛病或是缺点，我总会嘲笑他。

4. 我总是过度地让别人嘲讽我或是以取笑我为乐。

5. 大多数时候，我不喜欢讲笑话或是逗别人开心。

6. 很多时候，当我讲述发生在自己身上的趣事时，别人很少发笑。

7. 某些时候，当我想到一些确实非常有意思的事情时，即便说出来可能会伤害在场的一些人或是招致他们的反感，我依然会不由自主地说出来。

8. 假如贬低自己能让家人或者朋友快乐，我常常会发疯一般地去做。

9. 与别人相处的时候，我常常觉得没有什么机智或诙谐的话可以用来交流。

10. 在我孤单一人并且感觉不开心的时候，我会绞尽脑汁地想一些有意思的事情来振奋精神。

11. 假如我不喜欢某个人，我常常会当面捉弄、讥讽和贬低他。

12. 在开玩笑或努力让自己看起来幽默的时候，我常常过分贬低自己。

13. 通常情况下，我不会用讲述奇闻趣事的方法让别人发笑。

14. 我很轻松地就能逗别人发笑，所以我觉得自己是一个颇具幽默天赋的人。

15. 假如某个人做事失败了，我会嘲笑他。

16. 我和朋友（或家人）在一起的时候，似乎常常成为别人取笑或开玩笑的对象。

17. 与人交往的过程中，逗人开心是我的一种十分自然的方式。

18. 我具有幽默的人生观，所以不会对生活感到过度不安或者丧失信心。

19. 我经常会为了搞笑而去捉弄别人。

20. 为了让别人更加喜欢我，我常常会讲一些与自己的弱点、过错等有关的趣事。

计分方法

完全不同意，1分；比较不同意，2分；稍微不同意，3分；中立，4分；稍微同意，5分；比较同意，6分；完全同意，7分。

将各题所得分数相加，统计总分即可。

测试结果解析

低于55分：你的幽默能力不足，至少目前还无法达到以幽默打动别人的水平。想要感染身边的人，你还需要多加努力才行。

56～85分：你的幽默具有一定的水准，但是只能感染一小部分人，想要赢得更多人的支持和喜爱，你需要刻苦钻研，努力探寻幽默的精髓。

86～110分：你的幽默水平已属上乘，对身边的人有很强的感染力，可以赢得大多数人的喜爱和拥戴，只要注意一些细节，你就会成为一个更受欢迎的人。

111～140分：你是一个幽默感十足的人，具有异乎寻常的感染力。在你身边的那些人，总能从你这里得到快乐，感受幽默的巨大魅力。

第十章

幽默技巧，助你变得妙趣横生

在运用幽默的过程中，有很多技巧值得学习和掌握，比如夸张、类比、断章取义、一语双关、自相矛盾等等。每一种幽默技巧都有其自身的特点，能够达到与众不同的幽默效果。熟练掌握每一种幽默技巧，做到融会贯通、信手拈来，就能得心应手地运用幽默，让自己变得更加妙趣横生，吸人眼球。

夸张是将事物放大或缩小的一种手法，通过合理的夸张，使得事物呈现出可笑的一面。通过这种幽默技巧，可以直观而立体地展现幽默的魅力。

妙用夸张，不要将幽默限制在条条框框里

运用夸张式的幽默，可以将事物无限度地夸大或缩小，进而营造出一种极不协调的幽默效果。

有一次，马克·吐温坐火车去一所大学授课。

火车的速度很慢，而马克·吐温约定的授课时间就要到了，这让马克·吐温非常着急。面对这种情况，马克·吐温决定采取办法以发泄心中的不满。

等列车员检查车票时，马克·吐温拿出一张儿童票递给他。这位列车员很风趣地对马克·吐温说："太有意思了，我还真没看出来您是个儿童呢！"

"我买火车票的时候还是个儿童，可是现在已经不是了。这都是因为火车的速度实在是太慢了！"马克·吐温抱怨道。

火车的速度或许确实很慢，但是绝不至于让一个人从儿童长成大人。马克·吐温想要表达的是火车速度太慢。他很聪明地选择了幽默的方式，通过放大火

车缓慢的车速，让人忍俊不禁的同时，巧妙地提出了自己的抗议。

在一些艺术形式和艺术作品中，夸张的手法常常得到更多的运用。

在中央电视台春节联欢晚会的舞台上，赵本山和宋丹丹、崔永元合作过一个节目，名叫《说事儿》，其中有一个十分精彩的桥段。

白云（宋丹丹饰）："你说就他吧，就好给人出去唱歌，你这嗓子能唱吗？那天呢，就上俺们敬老院去给人唱歌，总共底下坐着七个老头儿，他'嗷'一嗓子喊出来，昏过去六个。"

小崔（崔永元饰）："那不还有一个呢嘛！"

白云："还有一个是院长，拉着我手就不松开了，那家伙可劲儿摇啊，'大姐啊，大哥这一嗓子太突然了，受不了哇，快让大哥回家吧，人家唱歌要钱，他唱歌要命啊！'"

白云的话明显带有夸张的成分，毕竟即使嗓子真的很差劲，也不至于一下吓昏六个，这是用夸张的方式来说明黑土（赵本山饰）的嗓音条件有多差，歌声有多么恐怖。因为夸张的程度让人吃惊，才制造出令人捧腹的幽默效果。

与人交流的时候，用夸张的方式给予对方巧妙的暗示，非常容易制造出与众不同的幽默效果。

会心一笑

张霞过年的时候回家，好不容易买到一张火车票，可是到了想吃饭的时候，由于火车上非常拥挤，她又为泡方便面犯起了愁。

正嘀咕着，张霞忽然灵机一动。她拿着方便面的碗边，边走边说："借过一下啊，小心烫着，小心烫着！"

结果，一路畅通，张霞顺利打到了开水。

回座位的时候，张霞又说："注意点啊，注意点，这次真的有开水。"

将一些不相干的事情进行类比，会呈现出不伦不类的状态，让人觉得难以接受，所以往往能够产生一些出乎意料的幽默效果。而且越不协调，越能呈现更多的幽默。

幽默类比，"比"出来的幽默感

我们生活的这个世界，总体而言是和谐统一的，但是在某些具体的表现上，难免会出现一些偏差，比如在内容和形式、愿望和结果、理论和实际等方面，总会出现一些不协调的情况，这种不协调呈现出强烈的对比感受，由此产生了幽默、有趣的一面。

将互不相干甚至完全相反的事物放在一起进行对照，会给人一种不伦不类的感觉，通过展示其中的差异，能够给人更加深刻的感受。在类比幽默中，对比双方的差异越显著，其呈现出的不协调程度就越深，给人带来的幽默感就越强烈。

李老太的女儿准备结婚，没跟李老太商量，却让李老太准备嫁妆。李老太非常生气，对女儿说："结婚这么大的事你都不和我商量，我才不给你准备嫁妆呢！"

母女两个因此而大吵起来，引得附近的邻居都来围观。

邻居陈大伯对李老太说："你不能责怪你的女儿不和你商量啊！"

李老太问："为什么这么说？"

陈大伯反问："你当年结婚的时候不是也没和她商量吗？"

李老太一时哑口无言，她的女儿却高兴了起来。

陈大伯又转过身对女儿说："你妈不给你买嫁妆是她的不对，可是她结婚的时候，你给她买嫁妆了吗？人要公平才行啊！"

母亲结婚和女儿商量是不可能的事情，女儿给母亲买嫁妆也是不可能的事情，将这些事件并列在一起，显然没有存在的基础。通过这种对比来表现母女的矛盾，说明两人都没有为对方考虑。经陈大伯点拨，相信两个人都会反思一下自己的行为，为对方做出一些改变。

一个老婆婆每个周末都进城卖鸡蛋，她问城里的商人："今天的鸡蛋多少钱一个？"

商人很随意地回答："一毛钱一个。"

"才一毛钱一个，实在是太便宜了！"

"是啊，商人们昨天召开了一个会议，决定每一个鸡蛋不能超过一毛钱。"

老婆婆无奈地摇了摇头，只能把鸡蛋卖掉。

又一个周末，老婆婆又到城里卖鸡蛋，又见到了那个商人。

商人看了看鸡蛋，说："这次的鸡蛋也太小了。"

"是啊，"老婆婆说，"我家里的母鸡昨天也召开了一个会议，它们觉得鸡蛋一毛钱一个太便宜，所以不愿意费劲下大个的了。"

一个是人参加的会议，一个是鸡参加的会议，将两者进行类比，妙趣横生。老婆婆用商人的方式进行回应，让商人哑口无言，无法反驳。

总之，采用类比的幽默方式，能让人在轻松和惬意中感受到"比较"的乐趣。

会心一笑

一对男女结婚之前，男人对女人说："嫁给我好吗？我会送给你钻石项链。"

女人说："哦，亲爱的，你真是对我太好了！"

俩人结婚之后，男人按照承诺送给了女人项链。

女人看完之后说："这项链上也没有钻石啊！"

男人笑着说："先送你项链，钻石需要再等等……"

> 断章取义的行为往往会歪曲别人的真实意图，所以在日常生活中并不被提倡，但在一些有特殊需要的场合，断章取义则有助于自圆其说，在幽默中解决一些难以解决的问题。

断章取义，自圆其说的幽默

关于断章取义，相信大家都很熟悉。在一些媒体上，总能看到非常有噱头的标题，这些吸人眼球的标题，有些是断章取义的结果，它们多截自于某个明星或重要人物的话或故事，这样做的目的无非是引起轰动效应，赢得更多关注。

媒体做出这样的选择，是因为其需要赢得更多关注的目光，因此即使断章取义会误导读者，媒体也要坚持做下去。再者说，虽然断章取义有失偏颇，但是文章意思并没有歪曲事实，因此很难说它欺骗读者。从道德舆论方面来说，这样做可能会让人觉得反感，但是只要能够达到吸引读者的目的，就已经算是成功。

一位主教乘飞机抵达纽约，刚刚下飞机就被记者围得水泄不通。有一位记者故意刁难主教，问他："您想去夜总会吗？"主教不愿意正面回答记者的问题，便笑着反问记者："纽约有夜总会吗？"

第二天早上，这家报纸的头版头条刊登出这样一个醒目的标题："主教：纽约有夜总会吗？"

这样的消息一出，很容易使读者产生主教的生活作风有问题的第一印象，这对主教的形象显然会产生不良的影响，对主教是非常不公平的。

在生活中，随意地断章取义往往会扭曲别人的真实意愿，这对人的影响是很大的，一般不建议采用。但是在某些场合，为了营造良好的氛围及某种切实的需要，可以适当地断章取义，以营造出不和谐的幽默效果。

1935年，在巴黎大学进行的一场博士论文答辩中，中国留学生陆侃如在接受考官们的提问。陆侃如学富五车，对所有的问题都对答如流，这令考官们十分满意。

可能是想故意考验一下陆侃如，有位考官忽然提出了一个十分古怪的问题："《孔雀东南飞》这首诗中，第一句为什么是'孔雀东南飞'，而不是'孔雀西北飞'呢？"

陆侃如明知考官是在故意为难自己，所以他并没有十分紧张，他稍微思索了一下，便回答说："因为'西北有高楼'啊！"

听到这个答案，考官们先是愣了一下，旋即又相视而笑，都被陆侃如的机智和幽默折服。

但凡对古文有所了解的人都知道，中国古诗中有许多方位词并没有实际意义，不过是虚指而已，可是如果这样直接回答，不仅答案呆板，而且想要解释清楚也要颇费一番周折，所以陆侃如断章取义，引用了"西北有高楼"一句，虽然其结果与本意相去甚远，但是在这里，越是荒谬，幽默效果就越显著。

在日常生活中，断章取义是一种比较常见的幽默技巧，只要断得巧妙，不仅能让大家开怀一笑，还能让沉闷的生活变得充满生机。当然，想要更好地运用断章取义，就要多读书、多学习，只有了解句子的本意，才能保证断得更加精妙，达到更好的幽默效果。

会心一笑

小路的学习成绩不好，在班级排名始终位于下游，他的爸爸非常着急。

一次月考之后，小路拿着考卷回家。刚进家门，爸爸便问："小路，这次考得怎么样？"

"爸，12分。"小路垂头丧气地说。

"不错啊，赶紧把卷子拿来给我看看。"爸爸十分高兴。

从小路手里接过卷子之后，爸爸的脸色大变："不是说82分吗？怎么是12分？"

"我刚刚说的是'爸，12分'，'爸'是称呼您呢！"小路解释道。

> 从逻辑学来说，偷换概念的行为是不被允许的，因为它会破坏概念本身包含的意境，让人产生不同的理解，但是在幽默技巧方面，这恰恰是其独到之处，正因为其变化和凌乱，才产生了令人忍俊不禁的效果。

偷梁换柱，悄无声息换概念

就幽默技巧方面而言，偷梁换柱就是将某种概念偷偷更换或转移，更换或转移得越是超出常规，越不易被人察觉，而且和概念的本意差距越大，营造出的幽默效果就越强烈，越震撼人心。

这种幽默的技巧，对缓和气氛是非常良好的选择，它能够化解人们之间的矛盾，有助于拉近彼此之间的距离，让陌生人迅速变得亲近和熟悉。

人民教育家陶行知是一个非常风趣幽默的人。一次，一位年轻的老师行色匆匆地走到他面前说："陶先生，我有一件非常重要的事情告诉您，有些人把恋爱当饭吃，一定得整顿一下才行。"

陶行知听完之后，稍稍沉思了一下，字字珠玑地说："把恋爱当饭吃，这很好啊，我很支持。"

年轻老师听了一愣，说："先生，您不是在说笑吧？"

"当然不是，我不说笑话，我说的都是老实话。"陶行知继续说，"您一天吃几顿饭呢？每顿饭要花多长时间？"

"一天三顿，每顿10分钟。"

"三顿饭总共要花多长时间？"

"30分钟。"

"吃饱饭之后，求学和做事的时候是不是格外有力量？"

"那当然了！"

"好，如果一个青年人每天只在恋爱上花费30分钟，求学和做事的时候就格外有力量，那么他不就变成一个非常有希望的青年了吗？这样看来，把恋爱当饭吃有什么不好呢？"

年轻老师辩解道："他们并不像您说的那样，这几个人从早到晚地谈恋爱，什么工作都不想做，这怎么行呢？"

陶行知听完之后，脸上露出了笑容，接着就念了一首打油诗："吃饭睡觉不高兴，读书做事不起劲，千劝万劝不肯听，一封情书救了命！"

年轻老师和周围的人听了之后，全都哈哈大笑起来。

陶行知平静地问年轻老师："您说的那些人是不是这个样子？……啊，是这样啊！要我说，这种人自诩为恋爱至上，实际上他们是将恋爱当大烟抽。在我们的队伍里，将恋爱当大烟抽的人是没有地位的。"

在这段对话中，陶行知先生悄无声息地偷换概念，表达了其支持恋爱却不赞成将恋爱视作一切的观点。在陶先生看来，适当的恋爱对年轻人并没有什么坏处，一旦恋爱影响了正常的工作，那就应该受到批评甚至摒弃。他支持的是每天花30分钟在恋爱上的年轻人，反对的是将恋爱当大烟抽的年轻人，尽管都是年轻人，他对待的态度却有着天壤之别。

想要用好偷梁换柱这种幽默技巧，最重要的一点就是要做到无声无息，在别人没有注意到的时候，你就已经将概念换掉，这样在别人发现的时候，才能产生幽默的效果。而且越是悄无声息，越能产生更好的幽默效果。

会心一笑

小美给男朋友打电话，没想到接电话的竟然是一个女士。

小美很平静地说："请你告诉你身边的男人，他的女朋友让他回个电话。"

说完，小美就挂断了电话。半个小时之后，小美重拨了那个电话，结果电话那头传来一个陌生男人的声音。

小美很惊讶："你不是我的男朋友！"

陌生男子说："我知道，我已经跟我老婆解释半天了。"

在语言表达方面，有很多实用的技巧，一语双关就是其中之一，用一个词语或是一个句子来表达两个意思，可以让人领会深刻的寓意。

一语双关，话中有话的幽默

在某种特定的语言环境中，利用词语或句子的意义或谐音关系，有意识地使语句具有双重含义，由此起到言在此而意在彼的效果。一语双关的幽默魅力，可以给人乐观的生活态度，让人心怀愉悦而又满怀希望地生活。

当人际交往出现问题的时候，一语双关可以在保住对方颜面的同时，展现自己的幽默风度。在气氛热烈、针锋相对的情况下，可以采用"明里说一，暗里说二"的方式，将深刻的道理寄托在深刻隽永的语句中。

一个年轻人来到某报社的编辑部，将自己的作品呈给总编。

总编看完他的作品之后，问他："这部小说是你自己创作的吗？"

"是我自己写的啊！"年轻人说，"我构思了一个多月的时间，又坐了好几天才创作出来。写作的过程真是辛苦啊！"

"天啊，伟大的莫泊桑先生，您什么时候复活了？"总编颇为感慨地说。

听了总编的话之后，年轻人急忙灰溜溜地离开了总编的办公室。

　　莫泊桑先生复活，这是绝对不可能的事情。很显然，总编的意思是年轻人抄袭了莫泊桑先生的作品。尽管总编没有直接点明，年轻人却从中体会到了总编的意思，只能灰头土脸地离开。这就是一语双关的魅力，让人在笑声中明白了道理。

　　一天，著名诗人海涅正在创作一首新诗，一阵敲门声忽然传来，海涅只好停下了笔。打开门一看，原来是一个邮递员，他手上拿着梅厄先生寄来的一个包裹。

　　包裹很大，包装很细致，海涅认真地拆着包裹，结果拆了一层又一层，最后看到的只是一张小小的纸条。小纸条上只写了简短的几句话："亲爱的海涅，我身体健康而且心情愉快！向你致以真心的问候。你的梅厄。"

　　海涅本来因为写作思路被打断而烦闷，看到如此烦琐的包装更是显得不耐烦，可是看到梅厄的问候之后，他一下变得开心起来，疲惫感顿时烟消云散。笑过之后，海涅决定也和梅厄开一个玩笑。

　　几天之后，梅厄先生收到了海涅寄去的包裹，包裹很沉很大，梅厄一个人拿不动，他只好找人帮他将包裹拿回家。

　　回家之后，梅厄拆开了这个包裹，结果发现里面有一块很大的石头和一张便条，便条上写着："亲爱的梅厄，收到你的信之后，知道你健康而愉快，我心中的大石头终于落地了，现在将这块大石头寄给你，以此纪念我对你永远的爱。"

　　面对梅厄先生善意的玩笑，海涅选择以相同的方式进行回应。他的一语双关，既表达了对梅厄先生的问候，又展现了自己的幽默，可谓幽默之中的经典之作。

　　在诸多的幽默技巧中，一语双关是一种十分常见的形式，具体有语意双关、谐音双关等。这种形式非常含蓄，而且能够让人轻松接受，是一种难得而精妙的语言技巧。在你遇到一些不好回答的问题或是想让人感受到悠远意味时，就可以运用这种方式。

会心一笑

　　一个小孩正在门前玩耍，一个邮递员走过来问他："你爸爸在不在家？我这里有他的一个包裹。"小孩回答："在家！"

　　听了小孩的话，邮递员便去敲门，可是敲了很长时间也没有人来开门，邮递员便对那个小孩说："小小年纪，怎么骗人呢？"

　　小孩瞪了邮递员一眼，说："我家又不在这里！"

自相矛盾之所以令人捧腹，主要是因为矛盾的言语会形成前后的巨大反差，产生极具戏剧化的效果，这种幽默往往对比鲜明，令人在震惊之余感受到快乐的滋润。

自相矛盾，戏剧化中现幽默

自相矛盾的故事可谓路人皆知，借助这种幽默手段，往往十分接地气，大多数人都能理解和接受，所以往往可以收到比较好的幽默效果。

在制造幽默的各种技巧中，自相矛盾绝对是不可或缺的一种。在与人交流的时候，如果说的话明显前后矛盾，就会产生鲜明的对比，进而出现巨大的反差，给人以极大的心灵震撼。在震撼之余，人们会用笑声来宣泄自己的情绪，这便达到了幽默的目的。

自相矛盾可以用于讽喻别人，也可以用来嘲讽自己。在具体运用的时候，可以根据实际情况进行分析，以便达到更好地实现幽默的目标。

李敖是一个嘴巴很毒的人，经常用"书呆"或"蛋头"之类的话骂别人。有些记者对他颇有意见，便和他玩起了文字游戏，想要好好地贬损他。

一次采访中，记者问李敖："我们常常在您的作品中看到'书呆''蛋头'之类的词语，可是您有没有觉得，您自己就是一个'书呆'或'蛋头'？您一天要工作12个小时，睡眠时间少，出门的时间更少，如何自称了解世间万象和事实真相呢？"

李敖听了并没有生气，而是云淡风轻地说："康德一辈子都没有离开过他家方圆80里地，可他依然是大思想家，他还教世界地理。教世界地理的话，我也行，因为我在家'卧游'已久。"

听了李敖的巧妙回答之后，众人在大笑中情不自禁地为他鼓起掌来。

"卧游"是李敖生造出的一个词语，本身就具有矛盾的色彩，既然在家"卧"着，又怎么出门"游"呢？可是李敖根本不顾所谓的逻辑，完全以自己的表达主旨为重，自己想要表达什么思想，便以此作为依据，创造属于自己的语言特色，从而营造出良好的幽默效果。通过这种幽默，李敖不仅进行了优雅的回应，还展现了自己渊博的知识和广阔的胸襟。

在日常生活中，我们也可以在适当的场合运用自相矛盾的幽默。

一天，张磊向朋友李鹏借汽车一用。

李鹏说："咱俩谁跟谁啊？拿去用就是了！"

张磊听了，十分感激，向李鹏表示感谢。

李鹏又说："不用这么客气，就把车当成你自己的！当然，既然是自己家的东西，你还是要爱护一些，千万不要弄坏了啊！"

刚开始的时候，李鹏还口出豪言，紧接着却又让张磊小心点用，前后对比，幽默的效果立刻呈现出来。这种情况下，前面越显得大方，与后面形成的反差就越大，戏剧化的效果也越强烈。

需要注意的是，在制造矛盾的时候，我们应该刻意营造出不经意的效果，在展现矛盾之前，要保持平和的心态，不动声色地说话，这样才能达到最佳的幽默效果。

会心一笑

　　一个人正开车行驶在路上，忽然看到路边有两个人在架着一个人走路，于是热心地摇下车窗，说："哥们儿，怎么回事？"

　　那两个人回答道："没事，你走你的，我们能处理好。"

　　"别呀，如果有什么需要帮忙的，我可以帮你们。你们架着的这哥们儿是不是病了，得赶紧送医院啊！"

　　"不是你想的那样，他的车坏了，我们正在教他走路呢！"

　　适当的幽默不仅给人和蔼可亲的感觉，迅速拉近人与人之间的距离，而且是一个人聪明才智的良好体现。在与人交往的过程中，你是否具有足够的幽默感，以引起周围人的关注和欣赏？赶紧测试一下，看看自己的幽默感究竟达到了哪种级别。

题目

　　根据自己的实际情况，对下面的问题做出"是"或"不是"的回答。

1. 你会讲一些自己的糗事，与别人一同分享？
2. 在燕子和老鹰之间做选择，你更喜欢老鹰？
3. 欣赏喜剧电影时，你喜欢慢慢品味？
4. 你总是随心所欲，对别人的评论毫不在意？
5. 别人和你开玩笑时，你一般不会生气？
6. 你给别人留下的印象，与你对自己的印象保持一致？
7. 你认为自己是一个十分开朗的人？
8. 你能很轻松地将别人逗笑？
9. 信手涂鸦的时候，你常常画圆圈？
10. 你会把自己做鬼脸的样子照下来？

每道题目回答"是"计2分，回答"不是"计0分。然后将所有题目的得分相加，统计总分即可。

测试结果解析

低于8分：你的幽默感着实不足，常常给人不苟言笑的印象。正因如此，即使你是一个和蔼可亲的人，也会让人产生难以接近的错觉。从某种意义上说，不懂幽默已经严重影响了你的人际关系，你应该在学习幽默方面多下一些功夫才行。

8~14分：你具有一定的幽默感，给人一种易于接近的感觉。这种由幽默而引发的亲和力，往往让你具有极好的人脉关系。在展现幽默魅力的同时，你也给人一种沉稳的感觉，和蔼而稳重的你，是许多人向往的交际对象。

16~20分：你的幽默感十足，能够用幽默打动身边的人，因此你的人际关系非常好。由于你的幽默，你往往会成为众人瞩目的焦点和中心，处于这样的位置，一定要注意保持平和的心态，以免给人留下心浮气躁的印象。

灰心丧气的你，需要幽默来提振精神

在生活中，很多事情会让人变得灰心丧气，比如，早上坐公交车上班，到车站的时间挺早，可是因为人多却没能挤上车；买东西的时候，不断有人"加塞儿"，结果自己迟迟无法向前一步；在图书馆看书的时候，有人在旁边大声打电话；等等。这些事情看似微不足道，但是对人的影响很大，甚至让人一整天都觉得烦闷异常、无精打采。不良的情绪就像一个吸力巨大的无底洞，它会不断蚕食你的良好精神状态，一旦深陷其中，你的精神就很可能走向崩溃的边缘。为了避免这种悲剧的发生，你应该尽早地想到解决之法，在不良情绪刚刚出现的时候就将其扼杀在萌芽之中。

聪明人常常会用幽默的方式来调节情绪，这种方式可谓百试不爽。幽默可以改善灰暗、消沉的心态，帮助他们找回自己的信心和激情，恢复精神抖擞、心情通畅的状态。出现糟糕的局面时，悲观的情绪于事无补，以幽默的心态去面对，能让自己以积极的心态去迎接接下来的生活。

考夫曼是美国著名的剧作家，在他二十多岁的时候，他就已经挣到了在当时堪称巨款的1万多美元。他的好朋友、悲剧演员马克兄弟建议他将钱投入股市，以此获得更多利润。考夫曼接受了这个建议，但是他买的股票因为经济大萧条而变成了废纸。很多人为考夫曼扼腕叹息，考夫曼却看得很开："马克兄弟很擅长出演悲剧，任何听从他的建议进行投资的人，都活该赔钱！"

面对如此大的经济损失，考夫曼并没有悲观叹气、埋怨他人，而是以豁达的心态调侃自己，不得不说，他是一个充满智慧的人，这种幽默的心态，让他可以乐观地面对所有挫折，最终取得了别人难以企及的成就。

一般情况下，痛苦和灾难都是突然降临的，会让人感到措手不及。对于突发状况，如果能以幽默的心态去处理，那么往往可以帮助人们摆脱颓丧和紧张的情绪。

乔治一直很想拥有一辆属于自己的汽车，积攒了几年的钱之后，他终于如愿以偿。

一天，乔治和朋友一起开车出去兜风。开着开着，乔治突然发现汽车的刹车失灵了。

"这下完蛋了！刹车失灵了！"乔治焦急地喊着，"我该怎么办，哥们儿？"

"咱们还是祈祷吧！"朋友也大声喊着，"先保住性命吧，但是也要找个便宜的东西去撞！"

　　乔治将车撞向路边的隔离墩，两个人安然无恙，但是车头被撞扁了。两个人安全下车之后，乔治并没有因为心爱的汽车受损而悲观，反而因为之前的对话哈哈大笑起来。看到乔治的这种表现，目睹撞车经过的人以为他是故意为之，于是问他："你是故意要把新车撞坏吗？"

　　乔治笑着回答："那倒不是，我只是看到了一只老鼠，想把它轧死而已。"

　　听了乔治的话，朋友也跟着哈哈大笑起来。

　　面对突发的危机，乔治紧张之余依然充满了幽默感，他以诙谐的话语，帮助自己和朋友从紧张的情绪中走了出来，这对俩人的心理都产生了极好的舒缓效果。

　　当一个人灰心丧气的时候，幽默是最好的"兴奋剂"。保持幽默的心态，就能摆脱坏情绪的影响，这不仅是对自己的鼓励和释放，对身边的人同样有着积极的导向作用。当你能够以幽默的态度从容应对所有的烦闷和苦恼时，你的生活就会充满阳光，你也就走上了通向成功的康庄大道。

生活中并不缺少幽默，而是缺少发现幽默的眼睛

　　每个人都希望自己变成一个幽默的人，都希望以幽默的方式赢得人心，获得他人的支持。可是，很多人即使知道了幽默的巨大魔力，很想通过自己的努力变成一个说话让人感觉舒服的人，也不知道应该从何处着手提升自己的幽默能力。

　　实际上，生活就是我们最好的老师。在我们的身边，处处都有幽默的影子，只要善于用心观察，总能找到优秀的参考资料和素材。比如，我们可以认真倾听同事讲的幽默故事，可以从闲聊中搜集各种幽默的元素，甚至与家人在一起的时候，也找到一些让人快乐的"笑点"。

　　有一个人自称很会下棋，一天与人下棋的时候却连输了三局。

　　朋友问他："今天下了几盘棋？"

　　他答道："三盘。"

　　朋友又问："胜负如何？"

　　他又答："第一盘我没能赢他，第二盘他没输给我，第三盘我要和棋，他不同意。"

朋友笑道："那你不就是全输了吗？"

他有些不服气："哪儿啊，我那是让着他而已。"

有个歇后语叫作"煮烂的鸭子——嘴硬"，用在这个人的身上真是恰如其分，他的死扛，隐隐约约透出一种幽默，让人不禁为之发笑。

类似的幽默素材，在生活中简直数不胜数，将它们积累起来，我们的幽默能力就能得到很大的提高。

下面来看一个关于小孩子的幽默故事：

儿子："爸爸，3和2哪个大？"

爸爸："这还用问？当然是3大！"

儿子："那为什么2元钱比3角钱大？"

爸爸："因为'元'和'角'单位不一样。"

儿子："两个西瓜比3个葡萄大那么多，这又是怎么回事？"

爸爸："因为西瓜和葡萄不是同一个物种，概念不一样。"

儿子："哦，那您能不能告诉我，为什么二叔比三叔大呢？"

爸爸：……

小孩子都是天真的，他们的思维天马行空，很多大人根本想不到甚至觉得不是问题的问题，都能从他们嘴里钻出来。有些时候，大人会觉得孩子的想法和问题非常有趣，如果我们可以仔细研究和揣摩，就能从中得到很多关于幽默的启发。

如果认真观察和总结，就不难发现，我们身边的很多人言语和行为都十分幽默，这些都值得我们好好学习。在这个多姿多彩的世界里，每一个人都有自己的生活态度和独特的幽默方式，只要我们拥有一双善于发现的眼睛，就能看到幽默。学习幽默，让幽默变成我们生活中的重要组成部分，让幽默成为个人魅力的独特标签。